A. FERRET 1978

FACULTÉ DE DROIT DE TOULOUSE

DROIT ROMAIN

DES CORPORATIONS D'OUVRIERS

DROIT FRANÇAIS

DES CORPORATIONS

DEPUIS LE XIIIᵉ SIÈCLE JUSQU'EN 1789

DE LA LIBERTÉ

DU TRAVAIL, DU COMMERCE

ET DE L'INDUSTRIE

ET DE QUELQUES-UNES DE SES RESTRICTIONS

THÈSE POUR LE DOCTORAT

SOUTENUE

DEVANT LA FACULTÉ DE DROIT DE TOULOUSE

PAR M. FRÉDÉRIC BLEYNIE

AVOCAT

LIMOGES

IMPRIMERIE DE CHAPOULAUD FRÈRES

Rue Montant-Manigne, 7

— A PARIS, RUE DU PARC-ROYAL, 15 —

1875

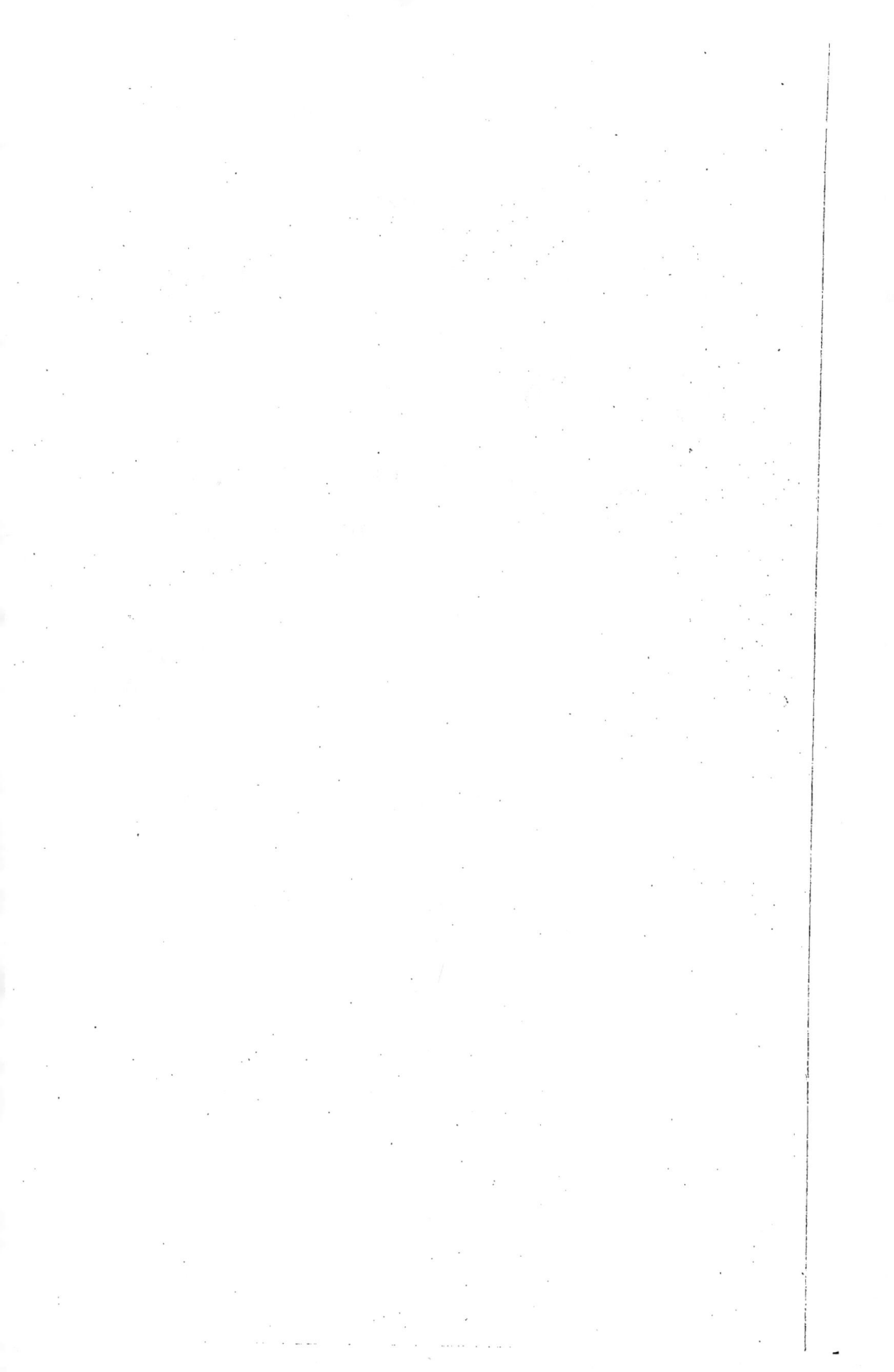

FACULTÉ DE DROIT DE TOULOUSE

DROIT ROMAIN

DES CORPORATIONS D'OUVRIERS

DROIT FRANÇAIS

DES CORPORATIONS

DEPUIS LE XIIIᵉ SIÈCLE JUSQU'EN 1789

DE LA LIBERTÉ
DU TRAVAIL, DU COMMERCE
ET DE L'INDUSTRIE
ET DE QUELQUES-UNES DE SES RESTRICTIONS

THÈSE POUR LE DOCTORAT

SOUTENUE

DEVANT LA FACULTÉ DE DROIT DE TOULOUSE

PAR M. FRÉDÉRIC BLEYNIE

AVOCAT

LIMOGES

IMPRIMERIE DE CHAPOULAUD FRÈRES

Rue Montant-Manigne, 7

— A PARIS, RUE DU PARC-ROYAL, 15 —

1875

DROIT ROMAIN.

DES CORPORATIONS D'OUVRIERS.

PRÉFACE.

Le droit du propriétaire de gouverner ses biens comme il l'entend, et de la manière la plus convenable pour leur faire rapporter tout ce qu'il peut en attendre, a toujours paru le plus sacré des droits, et les lois des peuples civilisés ont toujours cherché les meilleurs moyens pour le protéger. Ces lois et ces peuples ont eu raison de faire ainsi. Respect de la propriété, protection de la propriété, voilà deux principes sans lesquels un peuple ne saurait prospérer.

Dieu, dans sa sagesse infinie, ne nous a pas donné à tous un coin de terre pour subvenir à nos besoins; mais il nous a donné à tous l'intelligence, pour parer au manque de richesses. L'intelligence constitue donc pour chacun de nous une propriété dont la manifestation extérieure a lieu par le concours du corps, en un mot par le travail.

C'est un droit pour celui que nous appelons propriétaire d'exploiter ses biens à son gré. N'est-ce pas dès lors aussi un droit pour l'individu de travailler comme il l'entend, et de faire produire à son intelligence, par son activité, tout ce qu'il peut en obtenir?

Il faut donc conclure de ce qui précède que le droit de travailler constitue pour l'individu une propriété aussi inviolable et aussi sacrée que la propriété d'une terre ou d'une maison, et que tout obstacle apporté à l'exercice légitime de ce droit est une atteinte à sa propriété.

Par exercice légitime il faut entendre celui qui ne porte pas préjudice aux droits d'autrui. D'où il suit que chaque homme est libre, de par la nature, d'exercer toute profession, toute industrie qui n'expose pas la sûreté de ses semblables, ou ne porte pas préjudice à leur propriété, de même que le propriétaire est libre d'exploiter sa fortune comme bon lui semble.

On peut donc se demander comment il se fait que ce principe, absolument le même par rapport à ce que j'appellerai la propriété matérielle et par rapport à la propriété intellectuelle, n'ait pas reçu, dans les deux cas, la même protection, et n'ait pas été environné du même respect.

En effet, ce principe, considéré comme se rapportant au droit de travailler, a reçu de grandes restrictions dans l'organisation des sociétés. Parmi ces restrictions, les unes ne peuvent se justifier ni au point de vue individuel, ni au point de vue social; d'autres, au contraire, trouvent leur justification dans les nécessités imposées par l'existence même des sociétés.

La plus grave de ces restrictions est sans contredit l'esclavage, admis par les lois romaines, et dont la disparition est une des gloires du Christianisme. En envisageant la question, non au point de vue le plus élevé, c'est-à-dire au point de vue de la fraternité chrétienne, mais au point de vue qui nous occupe, nous pouvons dire que l'esclavage doit être rejeté comme la plus affreuse injustice.

Lorsque le travailleur est esclave, il emploie ses forces au service d'un autre, contre sa propre volonté. Dans cette situation, il est impossible de justifier le travail qui lui est imposé; car on ne voit pas sur quel droit supérieur, sur quel contrat, repose l'obligation d'un individu de consacrer ses forces, son intelligence, au service d'un autre individu.

Les jurisconsultes anciens ont essayé de fonder le droit du maître sur le droit de conquête. Le vainqueur, dirent-ils, pouvant disposer de la vie du vaincu, peut exiger de lui le sacrifice de sa liberté en échange de la vie qu'il lui laisse. C'est en partant de ce principe que les Romains, on le sait, rendirent esclaves les prisonniers de guerre qui n'avaient pas été sacrifiés dans les triomphes du vainqueur. « *Servi*, dit Justinien après Florentinus, *servi ex eo appellati sunt quòd imperatores captivos vendere, ac per hoc servare nec occidere solent, qui etiam mancipia dicti sunt, eo quòd ab hostibus manu capiuntur. (L. IV, D, De statu hom. :* — TITE-LIVE, VII, 19; — CIC., 2ª *actio in Verrem*, lib. V, n° 30.) Remarquons aussi qu'un Romain fait prisonnier par l'ennemi perdait en fait et en droit sa liberté, et que ce n'était qu'en revenant *apud suos* qu'il la recouvrait légalement. C'est ce qu'on appelait le *jus postliminii.*

Le raisonnement des jurisconsultes péchait évidemment par la base, et il n'est pas nécessaire de démontrer que le droit de vie ou de mort sur les prisonniers n'appartient pas et ne peut appartenir à ceux à qui le sort des armes a été favorable. Ils tiraient une déduction d'un principe qui n'existe pas.

Le prétexte du droit de conquête ne peut donc pas justifier l'esclavage, pas plus qu'il ne justifie le vol et la rapine exercés sur une grande échelle, pas plus que le vol ne donne un droit au voleur sur la chose volée.

Si la propriété du droit de travailler ne peut être enlevée par le plus fort au plus faible, ce qui arrive dans l'esclavage, elle ne peut, en principe, recevoir aucune atteinte sans le consentement de celui à qui elle appartient, car sans cela il serait dans un esclavage relatif. Ce consentement ne peut être jamais tacite dans les rapports des particuliers entre eux ; il peut l'être au contraire dans leurs rapports avec l'État, car, en s'organisant en société, tous les hommes qui en font partie sont censés accorder à cette collectivité tous les pouvoirs nécessaires pour sauvegarder l'intérêt général. Donc si l'État peut demander à l'individu le sacrifice d'une partie de son droit, ce n'est que dans la mesure exigée par l'intérêt général. En franchissant cette limite, l'État tombe dans l'injustice et dans l'arbitraire.

Mais, dira-t-on, l'intérêt général peut être compris de différentes manières, suivant que l'État est représenté par tel ou tel gouvernement. Non, répondrons-nous, l'intérêt général ne sera pas compris différemment par tel ou tel gouvernement, si ce gouvernement ne méconnaît pas les vrais principes de l'économie sociale, qui veulent que le travail de l'homme jouisse de la plus grande liberté. Car c'est seulement par la liberté du travail que le commerce et l'industrie, sources des richesses d'une nation, peuvent arriver à leur plus grand développement.

Ce qui va suivre est une preuve de ce que nous avançons, et nous en trouverons d'autres lorsque nous étudierons quelques-unes de nos lois actuelles relatives au travail, au commerce et à l'industrie.

Nous venons de voir que l'esclavage ne doit pas être admis au point de vue du droit individuel ; l'économie sociale ne l'admet pas non plus, comme étant contraire à l'augmentation de la production des richesses et des richesses elles-mêmes. En effet, si les travailleurs sont esclaves, les facultés d'une grande partie des hommes sont soumises aux facultés de leurs semblables, dont elles reçoivent l'impulsion, et qui les privent de toute initiative, en les empêchant de diriger et d'employer leurs forces et leur intelligence comme ils l'entendent. De là, pour la société, la privation d'un grand nombre de produits que pourraient créer des facultés libres. Il est certain que l'esclave, travaillant sous l'œil du maître, cherchera à éviter ses coups, et ne pensera pas à faire autre chose que ce qu'on lui commandera.

De plus, si on réfléchit à ce fait que l'homme travaille pour satisfaire ses besoins et ses désirs, et que son travail augmente dans les mêmes proportions que ses besoins, on sera bien vite amené à cette conclusion que le travail de l'esclave ne peut être qu'inférieur à tout autre travail, surtout au point de vue de la quantité de production, puisque, en travaillant, il n'obtient d'autres résultats que la satisfaction de son maître. Peu lui importe l'accroissement du patrimoine de son maître, et, par le fait, de la richesse publique !

Un bon gouvernement, c'est-à-dire un gouvernement inspiré par les principes de l'humanité et de l'économie sociale et jaloux de la prospérité d'un peuple, devra proscrire l'esclavage.

Si le travailleur n'est pas esclave, mais est soumis à une règle qu'il ne s'est pas choisie lui-même, son travail est gêné dans sa manifestation, et, dans l'impossibilité où il est de franchir cet obstacle, il ne cherche pas à créer des produits que cette même règle lui empêcherait d'exploiter : son intelligence, son activité, s'endorment. Il peut même se faire qu'il s'expatrie pour aller porter à des étrangers les résultats de son travail, de son talent ou de son génie, que refusent ses compatriotes. C'est là le résultat presque inévitable de la réglementation du travail par l'État.

Cette règlementation du travail par l'État produit les mêmes effets sur le commerce et l'industrie qu'une pierre placée sur une source. Posez une pierre sur une source : si la pierre est grosse, l'eau ne s'échappera de dessous que petit à petit, ou même rentrera en terre pour aller chercher une sortie plus libre ; si la pierre est petite, l'eau sortira plus rapidement et avec plus d'abondance ; enlevez la pierre, et toute l'eau que la source peut donner jaillira aussitôt. Tous les efforts des gouvernements devront donc tendre à enlever cette pierre d'achoppement, la règlementation.

Nous verrons, en étudiant la condition faite aux ouvriers et à l'industrie à Rome, soit sous les rois, soit sous la république, soit sous l'empire, que ce principe de la liberté du travail, du commerce et de l'industrie, y fut complétement inconnu, et que le travailleur fut esclave des particuliers ou des corporations, et, par ce fait, soumis à la volonté de l'État.

Passant ensuite au régime du travail et de l'industrie en France depuis le XIII° siècle jusqu'en 1789, nous verrons qu'il fut une transition entre le régime romain et le régime actuel.

Nous constaterons enfin, par l'étude de quelques restrictions apportées au principe de la liberté du travail, du commerce et de l'industrie dans notre législation, que la pierre d'achoppement dont nous avons parlé plus haut n'est pas aussi petite que possible, et que nous avons, fort probablement, des progrès à accomplir sur ce terrain.

CHAPITRE Ier.

Origine des corporations. — Condition des ouvriers depuis la fondation
de Rome jusqu'au IIIe siècle de l'ère chrétienne.

A Rome, la condition des hommes libres travaillant aux
métiers, c'est-à-dire se livrant à tous ces travaux qui
composent l'industrie en général, fut toujours misérable
et précaire, jusqu'au IIIe siècle de l'ère chrétienne. A cette
époque seulement, perdant, il est vrai, leur liberté, ils
purent avoir quelques soulagements à leur misère, au
moyen de la fortune que les corporations avaient acquise,
soit, comme nous le verrons, par les libéralités de leurs
patrons, soit par la concession de certains droits, due à la
justice de certains empereurs.

Il ne faut pas chercher les causes de la condition faite
aux ouvriers pendant l'époque que nous allons étudier
dans la législation civile de Rome, car, comme tous les
autres citoyens, les ouvriers jouissaient de la liberté pleine
et entière, non-seulement au point de vue de la capacité
civile, mais aussi au point de vue du travail lui-même.

En effet, quoique les métiers fussent constitués en
corporations, ces corporations, instituées dans l'intérêt
de leurs membres, et primitivement aussi dans l'intérêt
de l'ordre et de la paix publique, ne gênaient en rien le
travail individuel. L'ouvrier travaillait pour son compte et
comme il l'entendait. L'État, que nous verrons plus tard

embrasser de son étreinte les corporations, n'intervenait alors que pour leur donner l'autorisation de se former.

Ce ne fut que sous Alexandre Sévère (222-235 après J.-C.) qu'un grand nombre d'ouvriers fut forcé de travailler pour le compte de l'État dans les ateliers impériaux, ou dans le sein des corporations qui comprenaient les métiers nécessaires à la subsistance du peuple, et que le fils fut obligé effectivement de suivre la profession de son père.

Il faut voir ces causes de la situation des artisans dans la constitution aristocratique du peuple romain, dans le mépris qu'inspirait le travail manuel, dans les perturbations qu'occasionnaient des guerres incessantes et enfin dans le nombre immense des esclaves. On peut dire que, pendant cette période, le travail des artisans fut presque nul, et qu'il n'y eut pas, pour ainsi dire, d'industrie nationale.

Tels sont les points principaux que nous tâcherons de mettre en lumière dans ce premier chapitre.

L'agriculture fut en très-grand honneur dans les premiers temps de Rome, à tel point qu'on croyait avoir fait le plus grand éloge d'un citoyen quand on avait dit de lui qu'il était un excellent colon. Les mœurs publiques étaient si bien dirigées en ce sens, qu'il existait des hommes, nommés *viateurs*, spécialement chargés d'aller appeler le sénateur de sa campagne à la curie (1).

Les plus illustres cultivaient eux-mêmes leur petit coin de terre, aidés dans ce travail par leur esclave : cet esclave, qui suffisait ainsi avec son maître aux travaux de la campagne, était désigné par le nom de ce dernier.

_____

(1) WALLON, *Histoire de l'Esclavage dans l'antiquité*, T. II, p. 7.

Romulus défendit l'exercice des métiers aux patriciens. Ce Roi guerrier et conquérant voulait avoir des soldats, et nul citoyen ne devait regretter, en quittant sa demeure, le métier qui devait le nourrir pendant la paix. Les vertus qui font les soldats étaient seules estimées.

Cette défense faite aux grands de pratiquer les professions manuelles fut le point de départ du mépris écrasant qu'elles inspirèrent toujours. C'est donc à cette catégorie de citoyens qu'il faut rapporter cet ensemble de préjugés et de croyances qui firent l'esprit romain, et, pour le temps postérieur, la coutume des ancêtres.

Mais au-dessous des patriciens vivait cette multitude introduite dans la ville à la suite de la conquête : admise au séjour de Rome sans l'être au partage de la cité, et rattachée aux patriciens par les devoirs de la clientèle, elle dut chercher dans les différentes professions où elle ne trouvait pas la concurrence des citoyens, ni encore celle des esclaves, les ressources nécessaires à la vie. Aux patriciens, les travaux de la campagne ; aux hommes libres, les travaux de la ville, tel paraît avoir été, dans le principe, le partage du travail.

C'est cette multitude qui, organisée par Servius Tullius, dut former la plèbe romaine sous le nom de « tribus urbaines ». C'est aussi dans son sein que prirent naissance les corporations ou colléges (ces deux dénominations sont tout à fait synonymes).

Les auteurs ne sont pas d'accord sur l'origine des corporations : les uns, comme Pline et Plutarque (1), les

---

(1) NUMA, 17.

font remonter au règne du Numa ; les autres, parmi lesquels Florus, attribuent leur création à Servius Tullius.

L'opinion de Pline et de Plutarque me semble corroborée par ce fait : il existait à Rome, à l'avénement de Numa au trône, deux peuples antipathiques l'un à l'autre, différents de mœurs et de caractère : il fallait trouver le moyen de rapprocher ces deux peuples, et de les fondre en un seul. L'institution des corporations paraît bien faite pour atteindre ce but. En groupant les individus par corps de métiers, on créait, pour ainsi dire, une nouvelle famille, composée d'éléments pris dans les deux peuples, avec des intérêts distincts de ceux de la nationalité. Pour prospérer, ces intérêts avaient besoin du concours et de l'entente de tous ; par là, on forçait les deux peuples à oublier leurs discordes ; par là aussi, on assurait la paix intérieure, si nécessaire à toutes les nations, mais plus encore à une nation à son berceau.

Au témoignage de Plutarque, Numa constitua à part, dans la cité, les arts des joueurs de flûte, des fondeurs en or, des forgerons, des teinturiers, des cordonniers, des corroyeurs, des ouvriers en airain, des potiers ; il réunit tous les autres arts en un même corps ; il leur donna une même organisation, et leur attribua des colléges. Ces corporations avaient leurs chefs, leurs assemblées, leurs règlements ; elles fournissaient à leurs dépenses par des contributions volontaires, et, à certaines époques, les membres d'une même corporation, unis sous le nom de *sodales,* rendaient les honneurs à leurs dieux suivant le rite approprié à cette corporation. Ces corporations n'avaient donc pas seulement un caractère industriel, mais elles constituaient des réunions dans lesquelles l'élément religieux avait une large part.

Romulus voulait une nation forte : Numa, son successeur, voulut une nation policée. La famille, le quartier, la bourgade, avaient leurs dieux et des fêtes en leur honneur : nous venons de voir qu'il en donna aux corporations. Il ne pouvait en être autrement dans un État où la religion était si intimement liée à tous les actes de la vie sociale, de la vie politique et de la famille.

Le culte des divinités dut être, dans le principe, le lien le plus fort pour maintenir dans les corporations les ouvriers qui en faisaient partie, car nous savons avec quel soin les anciens Romains assuraient l'entretien et la continuation du culte de leurs dieux.

Il est remarquable que parmi les différentes corporations que nous avons énumérées plus haut on ne trouve pas mentionnée la corporation des boulangers, qui plus tard devint un des colléges les plus importants, à raison de son industrie de première nécessité. Pline nous donne la raison de ce fait : *Panem faciebant Quirites*, dit-il, *mulierumque id opus erat, sicut etiam nunc in plurimis gentium*. Il en était de même pour les vêtements : aussi les tailleurs ne se trouvent-ils pas non plus dans l'énumération de Plutarque.

Ce qui prouve que l'esprit de corps s'était promptement établi au milieu des membres des colléges, et que le but de Numa avait été probablement dépassé, c'est que Tullus Hostilius, ce roi *qui omnia, exemplo Romuli, ad potentiam virtutemque bellicam referebat* (1), vit un danger pour la patrie dans ces corporations, et voulut les dissoudre.

Quand Servius Tullius renversa la constitution de Ro-

---

(1) Heineccius, T. II, *De collegiis et corporibus opificum*, n° 8.

mulus, vieille de près de deux siècles, pour donner à la ville des institutions plus libérales, il accorda aux artisans quelques priviléges politiques. Ils eurent un rang dans les classes qui formaient à la fois une organisation politique et militaire. Il les introduisit dans les deux premières classes, parce qu'il fallait, dans les camps, des ouvriers pour construire et réparer les machines de guerre, pour réparer et fabriquer les armes. C'est ainsi que deux centuries de forgerons (1) et une de charpentiers furent introduites dans la première classe. L'État fournissait des armes à ses soldats : c'était à eux à se procurer des vivres par la victoire.

Cette organisation des métiers par Servius Tullius fut une nécessité de la guerre : aussi ne faut-il pas conclure de là que l'industrie eut déjà acquis un grand développement à l'époque dont nous parlons (576 avant J.-C., 176 de Rome). La conquête et le pillage n'avaient pas encore assez produit.

Un passage de Denys d'Halicarnasse prouve qu'au temps de Tarquin le Superbe ces associations particulières étaient assez puissantes pour se rendre redoutables à la tyrannie (2). Aussi ce successeur de Servius Tullius enleva aux artisans les honneurs que ce roi leur avait accordés, et abolit les corporations de toute espèce.

La loi des Douze-Tables, soixante ans après le renversement de la royauté, sanctionna l'existence des corporations, en leur reconnaissant le droit de fixer elles-mêmes leurs

---

(1) TITE-LIVE, lib. I, cap. 43.
(2) LEVASSEUR, *Histoire des classes ouvrières*, T. I.

statuts, pourvu qu'ils ne fussent pas contraires aux lois de l'État. (*Dig.*, 1. LVII, tit. xxii.)

La faculté de s'associer librement, sous la seule réserve que nous venons d'indiquer, était bien faite pour donner aux artisans la possibilité de contrebalancer l'influence des classes élevées, et pour leur permettre de sortir de cette condition inférieure que leur avaient faite les institutions royales et que le changement de gouvernement n'avait pu améliorer. Au moyen de ces associations, réglées suivant les nécessités de chaque profession, ils auraient pu acquérir la fortune, et il est probable que, devant la puissance du travail, l'orgueilleux mépris de la race patricienne eût sensiblement diminué. Mais il ne put en être ainsi.

Durant les premiers siècles de la République, Rome fut toujours sous les armes. La nécessité de quitter à chaque instant le travail, pour courir à la défense du rempart et pour repousser des bandes de pillards qui incendiaient les fermes et coupaient les moissons, fut un grand obstacle à la prospérité de l'atelier, et, par suite, à la prospérité des collèges. L'artisan fut découragé, et son travail frappé de stérilité : sans espoir de sortir de sa misérable condition pour arriver à la fortune, il abandonna son métier pour chercher ailleurs ce que lui refusait son industrie.

Les mœurs et l'industrie subirent un grand changement quand les légions romaines se furent répandues hors de l'Italie. Lorsque Carthage, cette ennemie de Rome, qui tint si longtemps son génie conquérant en échec, eut disparu, les Romains, oubliant la vertu guerrière qui avait fait leur force, leur puissance et leur gloire, se plongèrent dans le vice. On n'y alla pas par degrés, on s'y précipita tout d'un coup.

Dès lors on ne songea plus aux armes. L'industrie dut se porter sur les objets de luxe, et on ne s'occupa plus qu'à donner des aliments aux nouvelles passions. L'exemple fut donné par la magnificence de l'Etat.

Certes les artisans auraient bien trouvé là le moyen d'entretenir leur activité et d'améliorer leur sort. Un nouvel obstacle s'éleva devant eux. Ils ne pourront pas profiter de ce grand mouvement, car désormais les esclaves leur feront une concurrence insoutenable, et ils devront succomber dans cette lutte inégale. L'État et les grands s'étaient enrichis par les conquêtes de la Sicile, de l'Espagne et de l'Afrique, et une foule d'esclaves était venue peupler la ville et augmenter la maison du citoyen.

Chaque esclave apportait avec lui son industrie : les citoyens qui en avaient un grand nombre trouvaient dans leur intérieur tous les arts nécessaires pour satisfaire leur luxe.

Parmi ces esclaves, les uns travaillaient uniquement pour les besoins de la maison : c'étaient les cuisiniers (*Dig.*, l. XXXII, tit. I, L. 65, § 2), les découpeurs, les boulangers, (*Dig.*, l. XXXIII, tit. vii, L. 12, § 5), les forgerons, les statuaires, les orfèvres ; les cordonniers, les savetiers, les ouvriers en laine, les foulons (*Dig.*, l. XXXIII, tit. vii, L. 12, § 6), les fileuses, les tisserands (*Dig.*, l. XXXII, tit. i, L. 65, § 2), les couturières.

« Chacun composait sa maison selon ses besoins ou ses goûts : Crassus, qui faisait bâtir, avait des maçons, des architectes ; les femmes avaient des nourrices, des lingères ; tel homme de lettres avait des copistes, et même des

colleurs, des batteurs et des polisseurs de parchemin ;
enfin un homme riche savait trouver dans les talents variés
de ses esclaves de quoi subvenir à toutes les nécessités de
la vie, à tous les caprices du luxe. Il possédait et occu-
pait, pour son service personnel, des hommes de tous
les métiers, depuis le cordonnier jusqu'au parfumeur ;
depuis le portier, qui vivait enchaîné dans sa loge, jusqu'au philosophe, dont les leçons de morale délassaient
les convives des plaisirs du festin (1). »

La soumission forcée des esclaves aux exigences du
dominus, qui, jusqu'au siècle des Antonins, pouvait les
mettre à mort, la facilité de les dresser pour le but qu'on
se proposait, le prix infime de leur main-d'œuvre, qui
n'était, à vrai dire, que le prix de leur mauvaise nourriture (du pain assaisonné d'un peu de sel et de l'eau),
étaient trois avantages qui les firent préférer aux hommes
libres.

Les esclaves qui travaillaient pour le public, au profit
de leur maître, qui se faisait alors entrepreneur d'industrie, devenaient cabaretiers, vendant aux voyageurs les
vins de la ferme : *Tabernæ cauponiæ instrumento legato,
etiam institores contineri Neratius existimat (Dig.,*
l. XXXIII, tit. VII, L. 13), marchands de chevaux, patrons
de barques ou colporteurs (2). L'artisan ne pouvait donc
pas même se livrer à une de ces petites industries
propres à faire vivre les gens peu fortunés, sans avoir
encore à lutter contre la concurrence des esclaves. Dès

---

(1) LEVASSEUR, T. I.
(2) WALLON, *Hist. de l'escl.*, II, 3.

lors, il n'y eut plus de place pour lui dans la vie industrielle.

La pratique des travaux manuels par les esclaves n'était pas faite pour diminuer le mépris qu'ils avaient toujours inspiré dès les premiers jours de Rome, et malgré la sanction législative donnée aux corporations par la loi des Douze-Tables.

Ainsi nous voyons Cicéron écrire à son fils que le travail mercenaire était dégradant, et que jamais un sentiment noble ne pouvait naître dans une boutique (1).

Quand on voit un homme comme ce grand orateur tenir un pareil langage, on peut juger de la tournure d'esprit de ses concitoyens. En rabaissant ainsi l'ouvrier, ils ne comprenaient pas, ces fiers Romains, que l'artisan qui travaille dans sa boutique ou dans son échoppe obéit à la loi de Dieu aussi bien et mieux peut-être que l'orateur, le philosophe et l'écrivain.

La classe ouvrière ne put donc pas prospérer à côté des esclaves, et ces hommes dégradés par le malheur et l'injustice, auxquels elle se trouvait sans cesse mêlée, l'avilirent par leur contact.

Cependant les hommes libres travaillant aux métiers ne disparurent pas complétement, parce que cette classe recevait continuellement de nouveaux membres de toutes les parties de l'Italie et même de l'Empire. Les gens chassés de leur pays par la misère étaient attirés à Rome par l'espoir de participer aux secours publics organisés pour donner de la nourriture à cette foule immense qui manquait des ressources que procure le travail.

_____

(1) CICÉRON, *De Offic.*, I, 42.

Les artisans devinrent surtout alors les ennemis acharnés d'une société qui refusait de leur faire une place dans son sein ; ils ne purent supporter sans se plaindre cette nouvelle humiliation , de voir de vils esclaves préférés à des hommes libres. Plongés dans l'oisiveté par le manque de travail, assurés contre la faim par les secours publics, les ouvriers se réunirent dans un grand nombre de corporations , dont le caractère ne fut plus industriel et religieux, mais purement politique.

Il n'est pas, dès lors, étonnant de rencontrer les corporations d'ouvriers dans tous les troubles de la fin de la République. Chaque tribun remuant et ambitieux qui promettait des réformes aux artisans, ou qui, par ses largesses, soulageait leur misère, du moins pour un moment, trouvait dans ces corporations des auxiliaires puissants, toujours disposés à seconder ses coupables projets.

— Ce fait, qui pouvait peut-être se justifier à cette époque, ne saurait trouver sa justification de nos jours ; et cependant l'exemple donné a toujours été suivi, et la foule est ainsi faite que, malgré les grandes déceptions qu'elle a éprouvées, on la trouvera toujours disposée à jurer fidélité à celui qui lui promettra une plus grande dose de félicité , avec le moins de travail et de peine que faire se pourra. —

Les colléges, supprimés en grande partie sous le consulat de Cœcilius Creticus et de Marcius Rex, se rétablirent dans la suite. C'est avec eux que Clodius lutta contre les partisans de Cicéron et de Caton. Le Sénat les supprima après les désordres qui eurent lieu à la suite du discours de Pompée pour Milon, et porta une loi qui rendait passibles des peines portées contre la violence ceux qui resteraient associés. « *Ut surrexit, operæ Clodianæ clamorem sustule-runt..... Factus est a nostris impetus fuga operarum. Operas autem suas Clodius confirmat.... Eodem die, senatus-consultum factum est, ut sodalitates decuriatique discede-rent, ut qui non discessissent, eâ pœnâ, quæ est de vi, tene-rentur* (1). »

Malgré les efforts du Sénat, des associations illégales s'é-tant formées à la faveur des troubles des guerres civiles, César les abolit, et ne laissa vivre que les anciennes corpo-rations des premiers temps : « *Cuncta collegia, præter anti-quitus constituta, distraxit* (2) ». Auguste supprima égale-ment les colléges, à l'exception des anciens, qui avaient été légalement formés : « *Collegia, præter antiqua et legitima,* . *dissolvit* (3) ».

L'esprit de rébellion des corporations ouvrières survécut aux désastres de la République. Longtemps encore les empereurs considérèrent les colléges comme des ferments de troubles et de discorde. Septime-Sévère, entre autres, prohiba les associations illicites, dans quelque but qu'elles se fussent formées, non-seulement à Rome, mais même en Italie et dans les provinces. (*Dig.*, l. XLVII, tit. XXII, L. 1.)

Cependant il ne faudrait pas conclure de là que les cor-porations ne jouissaient pas encore d'une certaine faveur, puisque Marc–Aurèle, un des prédécesseurs de Septime-Sévère, les avait autorisées à recevoir des legs (*Dig.*, l. XXXIV, tit. v, L. 20) et à affranchir leurs esclaves.

Au troisième siècle de l'ère chrétienne, sous l'influence

---

(1) CIC., *Ep. ad Q. fratrem*, II, 3.
(2) SUETON., *Cæsar*, XLII.
(3) SUETON., *August.*, XXXII.

du Christianisme, le nombre des esclaves avait considérablement diminué, les naissances étant devenues la principale source de l'esclavage, et cette source elle-même étant continuellement appauvrie par le nombre toujours croissant des affranchissements. Les esclaves devenant rares, leur cherté rendit leur travail coûteux. Aussi la classe libre put-elle, à son tour, leur faire concurrence.

Désormais les ateliers seront peuplés d'affranchis et d'hommes libres, et ceux-ci pourront, sous des influences plus favorables, regagner ce que l'esclavage leur avait enlevé, et le remplacer dans les fonctions de toute nature où ils les avait devancés.

En présence de cette situation faite à l'ouvrier romain, en présence aussi de ce que nous disent les historiens sur les splendeurs de Rome vers la fin de la République et sous Auguste, que conclure, si ce n'est que les Romains furent assez puissants, assez adroits, mais aussi assez injustes, pour enlever aux autres nations ce qui faisait leur prospérité, les ouvriers habiles et les richesses de toute nature?

Il faut dire en outre qu'ils n'avaient pas compris que ce développement des arts et de l'industrie n'était que factice, parce qu'il n'avait pas sa source dans le travail de la nation elle-même, et qu'il devait cesser avec les causes qui lui avaient donné naissance. Et c'est ce qui arriva quand cessèrent les conquêtes.

Désormais l'industrie, languissante, ne pourra se relever. Le sefforts des empereurs seront impuissants, parce qu'ils emploieront des moyens violents, et se serviront du despotisme pour remédier à un état de choses pour lequel la liberté eût été le seul remède. C'est ce que nous verrons dans le chapitre suivant.

CHAPITRE II.

Des corporations depuis le IIIe siècle de l'ère chrétienne
jusqu'à la fin de l'empire romain.

A l'époque à laquelle nous sommes arrivé, la liberté individuelle n'existait presque pour personne dans toute l'é-
tendue de l'empire romain. Le pouvoir le plus despotique
régnait sur les populations, et tout se mouvait sous l'é-
treinte puissante de l'empereur et de son administration.
Depuis que le grand peuple avait abdiqué sa liberté, par
ses mœurs ramollies et dissolues, entre les mains d'Auguste,
chaque nouveau maître s'était ingénié à serrer de plus en
plus les chaînes qui devaient l'étouffer.

L'empire avait enfermé les populations dans un vaste
réseau de fonctionnaires par lesquels elles étaient pres-
surées, tantôt pour satisfaire les besoins et les passions ou
caprices du chef de l'Etat, tantôt pour subvenir à leur
propre rapacité. Tout dans l'organisation politique et administrative multipliait et favorisait les moyens de les op-
primer : rien ne leur venait en aide pour se soustraire à
l'oppression.

Un fait saillant et dominant, qui ressort de l'étude des
institutions sociales et économiques de l'empire romain,
c'est, pour ainsi dire, l'immobilisation de la plupart des
personnes dans leur condition, et l'impossibilité où elles

étaient d'en sortir. Il ne pouvait en être autrement, car, sans des lois sévères, chacun aurait fui sa condition, pour échapper soit aux honneurs ruineux, soit aux charges et aux vexations de toute nature qu'il était obligé de subir. Les empereurs, s'il n'en eût pas été ainsi, auraient vu leur proie leur échapper et toute leur puissance s'écrouler par l'émiettement des institutions sur lesquelles elle reposait.

La classe ouvrière n'échappa pas plus que l'aristocratie à cette nécessité du despotisme, et les corporations devinrent pour elle des prisons hors desquelles elle ne put se mouvoir. C'est surtout à partir d'Alexandre-Sévère que ce fait se produisit, et c'est ce qui nous a fait prendre le IIIᵉ siècle pour point de départ de notre second chapitre. Il établit à Rome un grand nombre de fabriques, et y attira les marchands par toutes sortes de priviléges : « *Maximam immunitatem dedit* ». Il fut le premier empereur qui étendit le système des corporations à toutes les professions : ne pouvant plus obtenir des esclaves, disparus en grand nombre, tout ce que demandaient les besoins de l'empire, il le demanda aux hommes libres ; et, pour atteindre son but, il en fit de véritables serfs des corporations, tout en leur offrant des avantages plus apparents que réels.

Ce prince donna aux marchands de vin, aux marchands de légumes, aux cordonniers, qu'il avait réunis en colléges, et à tous les métiers en général, une sorte de constitution municipale, en mettant à leur tête des défenseurs tirés de leur sein, et en réglant la juridiction à laquelle ressortiraient leurs procès.

Alexandre-Sévère fut imité par ses successeurs, qui, n'ayant plus à redouter les séditions des corporations, s'en firent un moyen de gouverner. Désormais l'ouvrier ne pourra plus quitter une profession que souvent il n'aura pas choisie lui-même ; et, si, fatigué du régime auquel il est soumis, ou pour échapper aux peines qui attendent sa seule négligence dans les ateliers impériaux, par exemple, il veut fuir, rien ne pourra le soustraire aux recherches et aux poursuites ayant pour but de le ramener dans sa corporation : ni le privilége de la milice, ni le service du prince, ni l'engagement dans les ordres sacrés ou monastiques, ni même l'autorisation fondée sur un rescrit impérial.

Sous prétexte d'empêcher la licence industrielle, mais, en réalité, comme nous venons de le dire, pour créer un moyen de plus de domination, on viola, à l'égard de tous, la loi fondamentale et économique de la liberté du travail. Aussi, pendant cette période, l'industrie, qui avait été florissante dans les siècles passés, grâce à l'habileté et au grand nombre des esclaves, mais qui languissait depuis qu'elle en avait été privée, ne put se relever, et suivit la marche décroissante de la puissance impériale. Ce résultat était fatal : pour vivre et se développer, le travail et l'industrie doivent avoir une vie propre et indépendante ; mais, s'ils ont besoin, pour vivre, de tel ou tel gouvernement, lorsque ce gouvernement disparaît ou faiblit, ils sont entraînés avec lui.

Il nous est impossible d'énumérer ici toutes les professions érigées en corporations, et de les étudier en détail, car leur nombre est trop considérable : il suffit, pour s'en convaincre, de jeter un coup-d'œil sur l'index d'Orelli. Mais, comme ces corporations, quoique différentes sous certains rapports les unes des autres, forment toutes des personnes juridiques et ont une organisation analogue,

nous nous contenterons d'en faire une étude générale
dans deux premières sections, et, dans une troisième,
nous donnerons quelques détails sur quelques-unes d'entre
elles.

PREMIÈRE SECTION.

De la corporation considérée comme personne juridique.

La corporation ne pouvait devenir personne juridique
que par l'effet du consentement que donnait l'Etat à sa
formation. Cette nécessité de l'autorisation lui était commune avec tous les groupes d'individus qui, par exemple,
comme les habitants d'une même ville, voulaient créer
une personne idéale capable de droits.

Cette nécessité du consentement de l'Etat pour la
formation d'une personne juridique trouve sa source
dans la nature même des choses. L'homme a des droits
naturels qu'il tient de sa personnalité même, qu'il doit
conserver, maintenir et agrandir. Mais, pour étendre
fictivement à un être idéal cette capacité naturelle, ce
signe visible de la personnalité fait défaut, et la volonté
suprême peut seule y suppléer en créant des sujets arti-
ficiels de droit.

On ne pourrait abandonner cette faculté aux volontés
individuelles sans jeter, par le fait, une grande incer-
titude sur l'état du droit, et ouvrir une large porte aux
abus. C'est en vertu de ce principe que Gaius nous dit que
les corporations ne peuvent se former que par une loi, un
sénatus-consulte ou une constitution du prince.

Le caractère d'une corporation ainsi formée est que son droit repose, non sur la tête des membres pris individuellement, mais sur celle de la collectivité : d'où la conséquence que le changement partiel ou même intégral de ses membres ne touche ni à l'essence ni à l'unité de la corporation.

Une seconde conséquence à tirer de ce principe c'est que, quand bien même tous les membres de la corporation se réuniraient pour agir, ce ne serait pas là un acte de la personne juridique. Aussi la loi enjoignait-elle à tout collége d'avoir un représentant remplissant le rôle de syndic, et chargé de paraître en son nom devant les tribunaux : « *Quibus autem permissum est corpus habere collegii..... proprium est ad exemplum reipublicæ habere.... et actorem sive syndicum per quem, tanquam in republica, quod communiter agi fierique oporteat agatur fiat.* » (*Dig.*, l. III, tit. IV, L. 1, § I.)

La corporation peut avoir la propriété de toute espèce de choses (*Dig*, h. t., L. 1, § 1); mais ses membres n'y ont individuellement aucune part (*Dig.*, l. I, tit. VIII, L. 6, § 1). C'est donc à titre de propriétaires que les corporations possédaient des temples et des terrains consacrés au culte, et des édifices servant à leurs réunions (*C. J.*, l. VI, tit. XXV, L. 8). Elles avaient également des esclaves, qu'elles purent affranchir à partir de Marc-Aurèle, et sur lesquels elles exerçaient les droits de patronage après l'affranchissement.

La corporation peut louer et administrer ses immeubles pour son propre compte; elle peut aussi en abandonner la jouissance à ses membres, et, dans ce cas, les immeubles doivent être traités et envisagés comme immeubles de la personne juridique.

Les revenus des propriétés foncières et des rentes formaient, avec les contributions régulières qu'elles exigeaient de leurs membres, les ressources ordinaires des corporations.

La parenté formant la base des successions *ab intestat,* la corporation ne pouvait pas succéder; mais, quand elle eut le droit de patronage sur ses esclaves affranchis, on lui en attribua la succession *ab intestat,* comme conséquence du patronage. Plusieurs espèces de corporations eurent en outre le privilége spécial d'hériter de leurs membres, mais à défaut de tous autres héritiers, c'est-à-dire dans le cas seulement où la succession eût été dévolue au fisc.

C'est aussi en vertu d'un privilége individuel que les corporations obtenaient le droit d'être instituées héritières (*C. Th.,* l. XVI, tit. ix, L. 20). Mais il faut admettre, comme il avait été admis pour les communes, qu'elles pouvaient recueillir les successions testamentaires de leurs affranchis, dès qu'elles ont été admises à leur succéder *ab intestat.* Nous avons vu que Marc-Aurèle avait permis aux corporations de recevoir des legs. Telles étaient les ressources extraordinaires des corporations.

Les colléges avaient le droit de paraître en justice, soit comme demandeurs, soit comme défendeurs : c'est là une règle générale pour toutes les personnes juridiques. (*Dig.,* l. III, tit. iv, L. 7.) Nous avons vu que c'était par leur syndic ou représentant qu'ils pouvaient intenter les actions ou y défendre.

Si le collége était réduit à un seul membre, celui-ci pouvait intenter directement les procès, mais toujours comme représentant la personne juridique, et non en son nom personnel. (*Dig.,* h. t., L. 7, § 2). Chaque citoyen pouvait en outre soutenir à titre de *defensor* les droits de la personne juridique, de même que s'il se fût agi d'une personne naturelle.

Les avantages qui résultaient pour les ouvriers, au point de vue des intérêts pécuniaires, de la formation d'une personne juridique, étaient les seuls qu'ils retirassent de leur réunion en corporations ; car, à tout autre point de vue, ces corporations ne servaient qu'à les rendre plus maniables et plus dociles à la volonté d'un maître. Il faut se souvenir, en effet, que leur bien-être relatif fut le prix de l'abdication de leur liberté.

DEUXIÈME SECTION.

Composition et organisation des corporations ; — leurs fêtes ; — leurs rapports avec l'Etat ; — leurs priviléges.

Chaque métier, dans une ville, formait ordinairement un collége ; mais il arrivait quelquefois que des métiers de même genre se réunissaient entre eux, et ne formaient qu'une seule corporation. La loi elle-même encourageait ces réunions : « *Ad omnes judices litteras dare tuam convenit gravitatem ut in quibuscumque oppidis dendrofori fuerint, centonariorum atque fabrorum annectantur ; quoniam hæc corpora frequentia hominum multiplicari expedit.* (*Cod. Theod.*, 1. XIV, tit. VIII, L. 1.) » D'autres fois le collége s'étendait au-delà de la ville, et comprenait tous les artisans qui exerçaient des métiers analogues. Si le collége était trop étendu, il se divisait alors en centuries et décuries.

Le collége se recrutait principalement dans les familles de ses membres, les enfants étant obligés d'embrasser la profession du père ; il se recrutait aussi par l'apprentissage. Dans ce cas, un contrat intervenait entre les parents et le patron. Par ce contrat, le temps et la conduite de l'enfant étaient laissés au patron jusqu'à une époque déterminée, et les parents s'engageaient à fournir tout ce qui était nécessaire à la nourriture et à l'entretien de l'enfant.

L'apprenti, quittant alors la maison paternelle, où il ne pouvait plus rentrer jusqu'à la fin de l'apprentissage, allait vivre chez son patron.

L'apprentissage terminé, et moyennant le paiement d'une certaine somme, l'ouvrier était admis dans la corporation ; peu importait son origine, fût-il même esclave (*Dig.* 1. XLVII, tit. XXII, L. 3, § 2). Cependant l'esclave ne pouvait être incorporé qu'avec l'autorisation de son maître : la faveur dont jouissaient les corporations ne pouvait faire disparaître son droit.

Cependant l'entrée de toutes les corporations n'était pas ouverte aux esclaves. Les corporations comprenant les professions nécessaires à la subsistance du peuple n'admettaient dans leur sein que les hommes libres. Telles étaient les corporations des *Pistores*, des *Navicularii* et des *Suarii* ou *Porcinarii*.

Pour administrer leurs fonds et gérer les nombreuses questions d'intérêt commun, les corporations avaient leurs assemblées et leurs magistrats. Quant aux assemblées, l'histoire ne nous a rien laissé à leur sujet. On était alors trop préoccupé des grands événements qui se passaient au sein de l'empire pour qu'on s'intéressât aux petites questions qui se débattaient dans leur sein. Les artisans seuls prenaient intérêt à ces discussions, et y attachaient une grande importance.

Les magistrats, duumvirs ou quatuorvirs, préfets ou

3

consuls, étaient élus à perpétuité ou renouvelés tous les cinq ans.

- Le collége, outre ses magistrats, avait des patrons qui étaient pour lui de véritables défenseurs. Ils maintenaient ses droits et ses priviléges, et ils le soutenaient auprès des magistrats de la ville. De grands honneurs étaient rendus à ces patrons par les membres de la corporation, qui s'appelaient respectueusement leurs clients. Ceux-ci en recevaient de nombreux dons et legs, qui venaient grossir le trésor commun. Aussi les colléges avaient-ils un grand intérêt à choisir leurs défenseurs parmi les hommes les plus haut placés et à en multiplier le nombre : des femmes mêmes, sous le nom de mères ou de patronnes, étaient prises pour protectrices.

Ainsi formées et organisées, les corporations prenaient part aux grandes fêtes de l'Etat, sous leurs bannières, chaque membre étant paré de ses insignes : « Quand Gallien se rendit triomphalement au Capitole pour remercier les dieux d'une victoire qu'il n'avait pas remportée, un immense cortége l'accompagnait. Derrière les sénateurs, les chevaliers, les pontifes, et les victimes destinées à être immolées dans le cirque ou au pied des autels, venait le peuple. On voyait briller cinq cents lances à la hampe dorée, et cent bannières, appartenant aux diverses corporations, flottaient au vent, au milieu des étendards des temples et des enseignes de toutes les légions (1). »

Les fêtes de l'Etat n'étaient pas leurs seules fêtes. Les membres de la corporation se réunissaient aussi pour célébrer dans des banquets la mémoire des grands événe-

(1) LEVASSEUR.

ments. Ces banquets fraternels étaient encore bien plus nombreux que de nos jours, s'il faut en croire ces paroles d'un ancien : « *Collegiorum convivia annonam incendunt* ».

Chaque corporation avait ses autels, ses divinités particulières et ses réunions pieuses, où ses membres allaient invoquer les dieux choisis pour les protéger.

Le culte, les repas et les fêtes occasionnaient de grandes dépenses. Ces dépenses étaient couvertes par les ressources ordinaires et extraordinaires dont nous avons parlé en nous occupant de la personne juridique de la corporation.

Dans leurs rapports avec l'Etat, les collèges étaient tenus sous une vigoureuse tutelle. Nous savons qu'ils ne pouvaient se former légalement sans avoir obtenu un sénatus-consulte ou un décret impérial ; nous avons vu que leurs membres ne pouvaient abandonner leur profession sous aucun prétexte. Si un membre enfreignait cette loi, on le ramenait au travail, et les magistrats devaient saisir sa personne, ses biens et sa famille, pour les livrer à la corporation (*Cod. Theod.*, l. XIV, tit. VII, L. 1).

Tous les membres de la plupart des corporations étaient obligés de supporter les charges inhérentes à la nature de leur profession, les uns dans les manufactures impériales, comme les fabricants d'armes et les employés à la pourpre ; les autres, dans le sein des corporations nécessaires à la subsistance du peuple ou dans les corporations mises dans chaque ville à la disposition des curies. Ce n'étaient pas des industriels libres, mais des entrepreneurs ou des préposés de l'administration, qui réglait à son gré la condition de leur travail et de leurs services.

C'est ainsi que Dioclétien (284-305), sous prétexte que le prix des denrées négociées dans les marchés avait dépassé toutes les bornes, avait déterminé le prix des marchandises et le salaire des ouvriers dans un long tarif détaillé, dont les prix, indiqués par l'inscription de Stratonicé, ont été évalués de la manière suivante en grammes d'argent fin (1) : les fèves de marais, le boisseau militaire, 18 gr. (100 deniers); — la viande de bœuf et de mouton, la livre (326 gr.), 1 gr. 44 (8 deniers) ; — l'huile à manger, le sextarius (1/2 litre), 1 gr. 08 (6 deniers); — le vin commun, même quantité, 1 gr. 44 (8 deniers) ; — une paire de souliers de paysan, 21 gr. 60 (120 deniers) ; — une journée de maçon, 9 gr. (50 deniers) ; — une journée de manœuvre, 4 gr. 50 (25 deniers); — une journée de menuisier en bâtiments, 9 gr. (50 deniers); — même prix pour les forgerons et les boulangers ; — une journée d'ouvrier en mosaïque, 6 gr. 30 (60 deniers) ; — un barbier, par chaque personne, 0 gr. 36 (2 deniers). La peine portée contre les contraventions à ce tarif était la peine de mort.

Malgré cette sévérité inique pour une infraction à une loi dont l'inexécution était la manifestation d'un droit, on désobéit partout aux ordres de l'empereur : des exécutions eurent lieu. Ces nouvelles mesures tyranniques eurent pour résultat de faire cesser le travail et de faire renchérir les denrées, qui n'arrivaient plus sur les marchés. Les empereurs, cédant alors à la nécessité, rapportèrent la loi.

Ce résultat, une des conséquences de l'organisation du travail par l'État, est bien fait pour faire réfléchir ceux qui

----

(1) MM. Wallon et Levasseur ont accepté et reproduit cette évaluation.

de nos jours rêvent de nouveau cette organisation pour le plus grand bonheur des ouvriers.

Pour dédommager les membres des corporations, dont nous parlons, des lourdes charges qui pesaient sur eux, on leur avait accordé certains priviléges. Ainsi ils étaient exempts de la tutelle (*Dig.*, l. XVII, § 2, l. XXVI, l. XLVI pr., et § 1 *de Excusat*), du service militaire, si ce n'est pour la garde des murailles, et des charges sordides (1) qui ne rentraient pas dans le travail de leur profession. La loi 2, l. XIV, tit. IV, au *Code Théodosien*, énumère trente-quatre professions exemptées dans l'empire entier de toute corvée. « *Artifices artium, brevi subdito comprehensarum, per singulas civitates morantes, ab universis muneribus vacare præcipimus : siquidem e discendis artibus otium sit accommodandum, quo magis cupiant et ipsi peritiores fieri et suos filios erudire.* » Suit l'énumération.

Nous avons vu que, dès la fondation de Rome, les diverses professions manuelles avaient été déclarées viles ; nous avons signalé le mépris qu'elles inspiraient sous la République. Les jurisconsultes et les empereurs euxmêmes avaient essayé de faire disparaître ce préjugé, sans pouvoir y réussir, parce que l'effet des bonnes décisions était presque toujours contrebalancé par de nombreuses restrictions. Ainsi Callistrate, après avoir rappelé qu'on ne devait pas considérer les petits marchands au détail comme des personnes viles, ajoutait :

---

(1) Les charges sordides étaient des corvées et des prestations de toute nature imposées à chaque citoyen, et qui étaient une des plus puissantes ressources à l'aide desquelles l'administration impériale faisait exécuter des travaux publics.

« Je crois cependant qu'il n'est pas convenable d'admettre aux honneurs de tels hommes, quand on peut s'en dispenser » (*Dig.,* liv. L, tit. ii, L. 12). L'estime qu'on faisait des artisans sous l'empire nous est encore démontrée par le Code Théodosien (L. 146, *de Decurion.*), où l'on voit que, dans le tarif des amendes, un curiale était estimé autant que cinq artisans.

Voilà ce que les empereurs avaient cru suffisant pour relever l'industrie à Rome et dans les provinces. Tant qu'ils furent tout-puissants, et que rien ne résista à leur volonté, en pressurant les uns pour favoriser les autres, ils purent accomplir de grands travaux et construire des monuments qui ont passé à la postérité ; mais jamais ils ne soulagèrent ceux qui souffraient, malgré les distributions de vivres et les jeux, parce qu'avec un tel régime l'épargne et l'aisance ne purent entrer dans la maison de l'ouvrier. Aussi, lorsque le pouvoir leur fut arraché, l'empire romain était épuisé par la misère.

Après avoir étudié la personne juridique et l'organisation des corporations en général, nous croyons utile d'entrer dans l'étude particulière de quelques-unes d'entre elles, afin de mieux connaître la loi qui les régissait, et c'est par là que nous terminerons cette partie de notre thèse relative aux corporations à Rome.

TROISIÈME SECTION.

Détails sur quelques corporations.

---

§ 1. — *Des Meuniers-Boulangers.*

A Rome, les mêmes ouvriers qui broyaient le grain et fabriquaient le pain étaient désignés sous le nom de *pistores*. Cette profession formait, ainsi que les autres, une corporation (*corpus*), comme nous l'apprend le titre *de Pistoribus* au Code Théodosien. Une partie du pain fait par les meuniers-boulangers était distribuée dans les secours publics, l'autre était vendue.

La mouture du blé se faisait au moyen de meules mues ordinairement par des esclaves ou des animaux domestiques ; mais, quelquefois aussi, l'eau était employée comme moteur, car il est incontestable que les Romains savaient se servir de l'eau dans leur industrie (*Cod. Just.,* L. 10, *de Aquaeducta*).

Les lois veillaient à ce que cette corporation fût toujours au complet, parce qu'elle était considérée comme d'ordre public. Il suffisait, en effet, de donner du pain et d'offrir des spectacles au peuple pour le gouverner comme on voulait ; et il était aussi important pour les empereurs de satisfaire à ses besoins que d'arrêter les barbares à la frontière.

Le fils d'un boulanger devait fatalement succéder à son père dans l'exercice de sa profession, et la corporation était obligée de le faire remplacer jusqu'à l'âge de vingt ans, s'il n'avait pas encore atteint cet âge à la mort du *de cujus* (*Cod. Theod.*, 1. XIV, tit. III, L. 5). Si un individu se mariait avec la fille d'un boulanger, il devait embrasser la profession de son beau-père, et faisait partie de la corporation, par le fait de son mariage. Le divorce même ne pouvait lui rendre sa liberté, s'il avait compromis la dot de sa femme : la fortune du collége avait éprouvé un dommage, il fallait que ce dommage fût réparé par le travail de toute sa vie (*eod. tit.*, L. 14). Il est probable que cette obligation n'était imposée qu'au fils aîné ou à celui qui était marié à la fille aînée du boulanger, parce que l'intérêt de l'Etat était sauvegardé si les biens du boulanger ne passaient pas à un étranger, et si son four ne chômait pas.

L'acquéreur à titre onéreux des biens d'un membre de la corporation devenait boulanger, comme son vendeur. Les boulangers ne pouvaient disposer de ces biens, par donation ou testament, que si celui à qui ils voulaient les transmettre consentait à accepter les charges de la corporation. (*Cod. Theod.*, 1. XIV, tit. III, L. 3.)

Le fonds commercial appartenait donc plus à la corporation qu'à l'individu, puisque celui-ci ne pouvait en disposer à son gré. La loi 18, à notre titre, nous donne exactement la condition de cette propriété : « A la boulangerie, y est-il dit, appartiennent non-seulement les biens de fondation qui conservent encore le nom et le caractère de dotation, mais aussi ceux qui, faisant partie de la succession de boulangers, ont, de notoriété publique, passé à leurs héritiers ou aux autres possesseurs, et qui, par conséquent, ne sauraient être non plus séparés du fonds. Les gens de cette corporation n'ont droit de disposer librement que des seuls biens qu'ils tiennent, non par héritage de la boulangerie, mais par la volonté et la générosité de simples particuliers, ou qu'ils ont acquis par mariage ou à tout autre titre. Au reste, si ces biens particuliers se trouvent, à leur mort, dans la succession, ils seront, comme les autres, compris sous le titre de biens dotaux, parce que la boulangerie doit avoir le bénéfice des valeurs qui sont demeurées jusqu'au dernier jour en la possession du boulanger. »

Les boulangers se recrutaient aussi parmi les coupables de fautes légères, qu'on condamnait à la boulangerie, comme on condamnait aux mines les grands coupables. Cette assimilation n'était pas faite pour relever les meuniers-boulangers dans l'opinion de leurs concitoyens.

Les membres de cette corporation pouvaient la quitter en devenant sénateurs (*Cod. Theod.*, l. XIV, tit. III, L. 4), mais alors même ils devaient livrer à leurs successeurs leur boutique, avec les animaux, les esclaves qui en dépendaient, en un mot tout le matériel nécessaire à l'exploitation d'une boulangerie (*h. t.*, L. 7). Mais ni l'engagement dans les ordres sacrés (*h. t.*, L. 11), ni un rescrit du prince, ni le consentement de tous les membres de la corporation (*h. t.*, L. 8), ni une somme quelconque, ne pouvaient briser leur chaîne.

La corporation des *Pistores* relevait du Préfet de la ville, qui, pour cette partie du service, avait sous ses ordres le *Præfectus annonæ*, créé par Auguste.

§ 2. *Des Nautoniers.*

Il est question des nautoniers (*navicularii*) dans le livre XIII, tit. v, du *Code Théodosien*. Ils formaient, comme les autres métiers, une corporation à Rome, à Constantinople et dans les provinces de l'empire romain. Les membres de cette corporation étaient nécessairement des hommes libres, car elle faisait partie, comme la corporation des meuniers-boulangers, des colléges nécessaires à la subsistance du peuple. Ils n'étaient cependant pas tous de la même origine : les uns étaient de race plébéienne, d'autres de race curiale, d'autres enfin *potioris dignitatis*.

La corporation des nautoniers se recrutait dans la famille de ses membres, c'est-à-dire que les fils des nautoniers devaient forcément suivre le même état que leur père. (*Cod. Theod.*, 1. XIII, tit. v, L. 1, 19, 22.) Les héritiers des *navicularii* étaient aussi obligés d'embrasser la profession du *de cujus*. Mais, comme, dans ce métier dangereux, les naissances ne pouvaient pas combler les vides faits par les accidents de mer, le Préfet du prétoire était chargé de recruter sans cesse de nouveaux membres pour cette corporation. Les gens sans aveu, les vagabonds, venaient grossir le nombre des naviculaires. Toutefois le Préfet du prétoire recrutait des membres surtout parmi les décurions (L. 5 et 16, *h. t.*), à cause des frais considérables des transports effectués par la corporation, et de la responsabilité des marins vis-à-vis de l'État.

Pour nourrir la plèbe romaine, les empereurs avaient besoin des blés de l'empire : c'était pour cela qu'ils se croyaient obligés d'exercer une surveillance active, non-seulement sur ceux qui vendaient ou fabriquaient les aliments, mais encore sur ceux qui les transportaient.

Des entrepreneurs particuliers transportaient dans le principe les blés des provinces à Rome. L'empereur Claude leur accorda des primes ; puis on encouragea la construction des vaisseaux par des priviléges, et enfin, suivant le système du temps, on enferma les nautoniers dans une corporation.

La corporation des naviculaires était donc chargée des transports maritimes pour Rome. Ses vaisseaux (*caudicaires*), construits à ses frais, transportaient les impôts, soit en argent, soit en nature, prélevés dans les provinces, et dont une partie était destinée aux secours publics. De la marche régulière des vaisseaux dépendait le salut public. Pour assurer l'exactitude des arrivages, la loi traçait l'itinéraire des navires, et enjoignait aux gouverneurs d'empêcher les séjours trop prolongés dans les ports de leurs provinces. Si un vaisseau faisait naufrage, une enquête était ordonnée, et, pour arriver à la découverte de la vérité sur ses causes, la moitié de l'équipage était mis à la torture. (*Cod. Theod.*, l. XIII, tit. ix, L. 2).

En compensation des services qu'ils rendaient à l'Etat, les nautoniers ne payaient l'impôt foncier que dans une certaine limite (*fugatio* ou *captatio*) (*Cod. Theod.*, l. XIII, tit. v, L. 14); ils étaient exempts de l'impôt des patentes (*lustralis conlatio* ou *chysargirum*), inventé par Caligula et Vespasien, étendu à tous les métiers par Alexandre-Sévère, et modifié par de nouveaux règlements dus à Constantin.

Ils étaient dispensés des charges municipales et des honneurs qui auraient pu leur causer quelque préjudice, de la tutelle, soit légitime, soit dative (L. 7, *h. t.*). Enfin l'État leur concédait le vingt-cinquième de la quantité qu'ils transportaient, et leur donnait en outre un sou d'or par mille boisseaux. « *Ut his omnibus animati et nihil pene de suis facultatibus expendentes, cura sua frequentent maritimos commeatus.* » (*Cod. Theod.*, l. XIII, tit. v, L. 7).

Les meuniers-boulangers, ainsi que nous l'avons dit, ne pouvaient quitter leur corporation qu'en devenant sénateurs ; les nautoniers ne pouvaient être dispensés de leur service qu'après avoir passé cinquante années hors de leur corporation, et sans avoir été troublés dans leur repos.

De même que les *pistores*, les *navicularii* ne pouvaient transmettre leurs biens, soit à titre gratuit, soit à titre onéreux, sans que les légataires, donataires ou acheteurs fussent assujettis, par le fait, à occuper leur place dans la corporation.

§ 3. — *Des Portefaix.*

La corporation des portefaix avait une organisation analogue à celle des autres corporations. Leurs priviléges sont fixés par une constitution de Valentinien, qui forme le titre XXI du livre XIV au *Code Théodosien :* « *Omnia quæcumque advenerint privati ad portum urbis æternæ per ipsos saccarios, vel eos qui se huic corpori permiscere desiderant, magnificentia tua jubeat comportari, et pro temporum varietate mercedes, considerata justa æstimatione, taxari : ita ut, si claruerit aliquem privatum per suos adventitias species comportare, quinta pars ejus speciei fisco lucrativa vindicetur* ».

Lorsque les navires arrivaient dans le port d'Ostie, ils étaient déchargés par les membres de la corporation des *saccarii.* On était obligé d'avoir recours à leurs services, et de les payer suivant les prix fixés par un tarif. Si on préférait se servir de ses gens, alors il fallait abandonner au fisc le cinquième de ses marchandises. C'était une liberté tout à fait illusoire, car personne, avec une semblable condition mise à son exercice, n'eût voulu en profiter.

Il y avait aussi une corporation de mesureurs, chargés de faire les livraisons.

§ 4. — *Des Fabricants d'armes.*

Les fabricants d'armes formaient une corporation dont les membres étaient attachés aux manufactures de l'État où se fabriquaient les épées, les casques et les boucliers. Au IV⁰ siècle, la Gaule était la province qui avait le plus grand nombre de ces manufactures; chacune d'elles, de même qu'à Rome et à Constantinople, avait son industrie spéciale: l'une fabriquait les épées, l'autre les boucliers, une troisième les casques, etc.

Ces ateliers étaient, comme les autres manufactures de l'État, dirigés par un *procurator* ou *præpositus,* qui était sous les ordres du Comte des sacrées largesses.

L'Etat fournissait à ces ateliers les matières brutes, et ils devaient justifier de leur emploi (*Cod. Just.*, l. II, tit. IX, L. 1). Dans les fabriques d'armes de Constantinople, un ouvrier était obligé, en trente jours, de couvrir six casques de leurs ornements d'or et d'argent (*Cod. Th.*, l. X, tit. XXII, L. 5).

Les peines les plus sévères frappaient l'ouvrier maladroit ou malheureux qui gâtait les objets dont on lui avait confié la fabrication.

Il était impossible aux fabricants d'armes de quitter leurs ateliers, car, au moyen d'un fer rouge, on les marquait comme les jeunes soldats; et, dès lors, on aurait pu les trouver partout où ils se seraient cachés : « *Stigmata, hoc est nota publica fabricensium ad imitationem tironum, infligantur, ut hoc modo saltem possint latitentes agnosci* ».

Dans la suite, on leur imprima sur la main le nom de l'empereur : « *Singulis manibus eorum felici nomine pietatis nostræ impresso signari decernimus* ». (*Cod. Justin.*, 1. II, tit. xlii, L. 10.) Si le nom de l'empereur était *felix* pour lui, on voit qu'il ne l'était guère pour ceux à qui on l'imprimait sur les mains.

Pour enlever tout espoir de se cacher à ceux qui s'enfuyaient malgré ces marques cruelles et indélébiles, la loi condamnait à devenir ouvriers de la même fabrique ceux qui les cachaient, ainsi que leurs enfants (*Cod. Just.*, 1. XI, tit. ix, L. 3).

Ces ateliers étaient composés de trois ordres de personnes : d'hommes libres, d'affranchis et d'esclaves. Les enfants de ces trois classes de personnes étaient attachés, comme elles, à la corporation. Cependant, comme la fabrication des armes n'était pas d'une aussi grande nécessité pour la tranquillité publique que le transport des blés et des impôts, les décurions qui abandonnaient la curie pour se réfugier dans cette corporation pouvaient être rappelés dans leur condition. C'était pour prévenir cette espèce de fraude que la loi exigeait de l'homme libre qui voulait entrer dans un atelier d'armes un certificat constatant qu'il n'était ni fils, ni petit-fils de curiales. En produisant ce certificat, il pouvait contracter un engagement devant le défenseur de la cité ou devant le gouverneur de la province (*Cod. Theod.*, 1. X, tit. xxii, L. 6).

Il fallait que les membres des curies, qui représentaient la classe la plus élevée des cités, fussent tombés dans une condition déplorable, et eussent à supporter des charges bien lourdes, pour qu'on fût obligé de les empêcher d'entrer dans les manufactures impériales, où les ouvriers étaient presque assimilés aux esclaves, et pour lesquels la puissance impériale devenait plus insupportable à mesure qu'elle faiblissait. Nous en avons la preuve dans la Novelle qui porte la date de 438 (*Cod. Theod.*, 1. I, L. 13). « Les armuriers, y est-il dit, doivent être tellement asservis à leur métier que, épuisés par leur travail, ils demeurent encore jusqu'au dernier soupir, eux et leur famille, dans la profession qui les a vus naître. »

L'obligation de réparer les dommages causés au fisc par la déconfiture de leurs collègues venait encore paralyser l'activité individuelle de ces industriels, en leur enlevant le fruit de leur travail et de leurs économies.

Pour tout soulagement, les armuriers étaient dispensés de la milice : cette faveur était tout entière au profit de l'empereur, qui avait besoin d'eux dans ses ateliers. Il n'y avait, en réalité, qu'un seul privilége, et qui n'existait que pour les chefs d'ateliers : après avoir exercé cette charge pendant deux ans, ils sortaient de la manufacture, et étaient exemptés de tout service public pendant le reste de leur vie (*Cod. Just.*, 1. II, tit. IX, L. 2).

Telle était la condition des ouvriers armuriers.

§ 5. — *Des Mineurs.*

En droit romain, les mines (*metalla*) embrassaient en général les diverses substances enfouies dans le sein de la terre, telles que l'or, l'argent, le fer, les carrières de pierres, etc., (*Dig. : de Pœnis*, L. 8, § 8). Sous la République, l'exploitation des mines était en général abandonnée aux particuliers, sauf une rétribution payée à l'Etat. Sous l'empire, au contraire, l'Etat s'empara de presque toutes les mines, et principalement des mines d'or. Il en resta cependant quelques-unes aux particuliers.

(*Dig., de Usufructu*, L. 13, § 5. — *Solat:, matri.*, L. 7.)

Les mines de l'Etat étaient exploitées par des mineurs (*metallarii*), affectés à leur profession, eux et leurs descendants, sans possibilité de l'abandonner (*Cod. Theod.: de Metall.*). Mais la plus grande partie des ouvriers étaient des coupables, hommes ou femmes, condamnés aux mines à titre de peine (*Cod. Theod., de Pœnis,* L. II), ordinairement perpétuelle. Ces condamnés étaient marqués aux mains et aux jambes.

Nous n'avons pas à nous occuper de la condition de ces condamnés, parce que, travaillant dans les mines en expiation d'une faute commise ou par le caprice des empereurs, ils subissaient une peine dont la nature, la rigueur et la perpétuité pourraient faire l'objet des critiques du criminaliste, mais qui ne sont point intéressantes pour nous.

Tels étaient les moyens d'exploitation des mines employés par l'Etat.

Le régime de l'exploitation des mines des particuliers était celui de la liberté, sauf l'obligation de payer au fisc, chaque année et par *aurigelus* (chercheur d'or), une certaine quantité d'or brut, et de lui livrer tout l'or trouvé, moyennant un prix fixé d'avance (*D.,* L. III et I ; *Cod. Th. et Just., de Metall.*). Le propriétaire ou l'usufruitier n'avaient pas besoin d'une autorisation du gouvernement pour exploiter les mines comprises dans leurs fonds.

Aujourd'hui, au contraire, les mines ne peuvent être exploitées qu'en vertu d'un acte de concession délibéré en conseil d'Etat (loi du 21 avril 1810, sur les mines, art. 5). De plus, les concessionnaires sont soumis à des redevances annuelles, qui comprennent une redevance fixe de dix

francs par kilomètre carré et une redevance propor-
tionnelle aux produits.

En dehors des corporations dont nous venons de faire
une étude particulière, il existait d'autres corporations
qui avaient un semblant de liberté, parce qu'elles n'étaient
pas soumises directement à l'action du gouvernement ;
mais nulle part on ne trouve la liberté entière dans l'organisation industrielle des Romains : esclaves et hommes
libres, tous les artisans, en se faisant membres d'un
collége, acceptent une chaîne qui les lie presque irrévoca-
blement à leur profession. Cet état de choses persista
jusqu'à ce que les barbares eurent démembré et détruit
l'empire romain.

DROIT FRANÇAIS.

PREMIÈRE PARTIE.

DES CORPORATIONS

DEPUIS LE XIIIᵉ SIÈCLE JUSQU'A 1789.

CHAPITRE I.

Origine des corporations.

En s'établissant sur le sol de la Gaule, les barbares y apportèrent leurs mœurs et leurs usages. Peuples insoucieux du lendemain, comptant sur la victoire, et non sur leurs propres ressources, l'industrie n'existait pas pour eux. Il faut cependant faire une exception en faveur des Burgondes. Cette exception semble justifiée par la loi Gombette, qui fixait une composition exceptionnelle en punition du meurtre de certains ouvriers.

Quelques auteurs ont voulu néanmoins trouver l'origine des pacifiques corporations du moyen âge dans les ghildes des Germains; mais cette opinion doit être rejetée, parce que ces associations, dont les membres se réunissaient dans de grands banquets, n'avaient pas pour but la protection du travail. C'étaient plutôt des sociétés de secours mutuels, dont les membres s'engageaient par serment à s'entr'aider et à se secourir dans les nécessités et les périls de leur vie aventureuse.

Voici quelques statuts d'une ghilde danoise citée par M. Aug. Thierry, dans ses *Considérations sur l'histoire de France* (1), qui nous font connaître ce qu'étaient ces sociétés, dont les membres s'appelaient convives.

---

(1) Ch. V. p. 222.

« Si un convive est tué par un non-convive, et si des convives sont présents, qu'ils le vengent s'ils peuvent; s'ils ne le peuvent, qu'ils fassent en sorte que le meurtrier paie l'amende de quarante marcs aux héritiers du mort, et que pas un des convives ne boive, ne mange, ni ne monte en navire avec lui, n'ait avec lui rien de commun, jusqu'à ce qu'il ait payé l'amende aux héritiers selon la loi.

» Si un convive a tué un non-convive, homme puissant, que les frères l'aident, autant qu'ils pourront, à sauver sa vie de tout danger. S'il est près de l'eau, qu'ils lui procurent une barque avec des rames, un vase à puiser l'eau, un briquet et une hache..... S'il a besoin d'un cheval, qu'ils le lui procurent, et qu'ils l'accompagnent jusqu'à la forêt.....

» Si un des convives a quelque affaire périlleuse qui l'oblige d'aller en justice, tous le suivront, et quiconque ne viendra pas paiera en amende un sou d'argent.....

» Si quelqu'un des frères, contraint par la nécessité, s'est vengé d'une injure à lui faite, et a besoin d'aide dans la ville pour la défense et la sauvegarde de ses membres et de sa vie, que douze des frères nommés à cet effet soient avec lui jour et nuit pour le défendre, et qu'ils le suivent en armes de sa maison à la place publique et de la place à sa maison, aussi longtemps qu'il en sera besoin.

» Si quelque convive a souffert du naufrage pour ses biens, et n'en a rien pu sauver, il recevra trois deniers de chacun des frères.

» Si quelque convive tombe malade, que les frères le visitent, et, s'il est nécessaire, qu'ils veillent près de lui..... S'il vient à mourir, quatre frères, nommés par l'ancien, feront la veillée autour de lui, et ceux qui auront veillé porteront le corps en terre, et tous les convives l'accompagneront et assisteront à la messe en chantant, et chacun, à la messe des morts, mettra un denier à l'offrande pour l'âme de son frère. »

On le voit, le seul objet de ces statuts est de secourir le frère dans les embarras de ce monde, et d'obtenir de Dieu le soulagement de ses peines lorsque son âme s'est séparée de son corps. Des métiers, du commerce et de leur protection, il n'en est point question.

D'où les corporations françaises tirent-elles donc leur origine ? Nous n'hésitons pas à répondre qu'elles la tirent des corporations romaines.

La société romaine en effet et les Gaulois vaincus, sous le joug des nouveaux maîtres, conservèrent le souvenir de leur ancienne organisation. L'organisation municipale avait survécu presque partout, non-seulement dans les villes du midi, mais encore dans les villes du centre, et il serait bien étonnant que les corporations eussent totalement disparu, lorsque la curie, quoique élargie, subsistait encore. Au surplus, nous verrons qu'une grande analogie existait entre les statuts des corporations françaises et certaines lois qui régissaient la corporation romaine.

Les corporations d'artisans, devenues des associations libres par la disparition des empereurs, durent être peu nombreuses jusqu'au xiiie siècle, car les invasions des barbares achevèrent de détruire le commerce et l'industrie de la Gaule. Ces ravageurs ne s'attaquèrent pas seulement aux propriétés, ils s'emparèrent aussi des personnes. La moitié de la population fut réduite en captivité et vendue ; ce qui restait, poussé par la misère, abandonna les métiers pour se mettre sous la protection des leudes. Puis vinrent les guerres de Pépin et de Charlemagne qui épuisèrent la race des hommes libres.

Alors prit naissance le régime féodal, avec ses idées d'indépendance vis-à-vis de la royauté, avec son esprit d'exclusion pour tout ce qui était étranger au petit royaume du seigneur. Les liens de la société furent rompus, et chacun ne songea plus qu'à ses propres intérêts, ne vécut, ne travailla que pour soi. L'unité politique, œuvre de Charlemagne, fut rompue : de cette rupture sortirent des abus de tout genre, abus contre lesquels le peuple, uni à ses rois, combattit pendant longtemps.

Les seigneurs et les guerriers eurent des serfs, comme les Romains, après les conquêtes de la République, avaient eu des esclaves, pour les servir, et pour fabriquer, non des objets de luxe, mais bien les instruments de culture et les armes. Chaque ferme posséda des forgerons, des orfèvres, des cordonniers, des tourneurs, etc.

L'usage des Romains de permettre à certains de leurs esclaves d'exercer publiquement leur métier s'était aussi conservé en Gaule ; seulement le maître, au lieu de prendre tous les bénéfices pour lui, partageait avec son serf, qui cependant, comme les autres ouvriers travaillant pour le serviee exclusif du seigneur, était entièrement à sa disposition, et pouvait être vendu ou donné. Ces serfs dépendaient des manses seigneuriales. Quant aux serfs des manses tributaires, à peu près libres de leur personne, ils devaient au seigneur des revenus en nature.

Le travail s'était aussi réfugié dans les monastères, où il y avait des moulins, des forges, des tanneries. Les moines consacraient alors, comme aujourd'hui dans certains ordres qui ont rendu de grands services à l'agriculture, consacraient, disons-nous, la plus grande partie de leur temps au travail manuel, suivant les sages recommandations de leurs illustres fondateurs. L'oisiveté, disait saint Benoît de Nursia, est l'ennemie de l'âme. En conséquence, la règle qu'il avait donnée à ses moines leur ordonnait de travailler de la première à la quatrième heure et de la neuvième à la douzième depuis Pâques jusqu'aux calendes d'octobre ; depuis les calendes d'octobre à la Quadragésime, de la troisième à la neuvième heure, sans interruption.

Du xe au xie siècle, les seigneurs, débarrassés du pouvoir royal, devinrent des tyrans dans leurs domaines, et imaginèrent une foule d'impôts arbitraires, que l'usage érigea en suite en droit. Parmi les droits pesant le plus sur le commerce et l'industrie, il faut mentionner les droits de marché, de four banal et de ban seigneurial.

On comprend que le travail et le commerce dûrent beaucoup souffrir de cet état de choses. L'éparpillement des travailleurs empêchait toute émulation, et les priviléges que les seigneurs accordaient à leurs serfs et aux monastères pour la vente de leurs produits ne permettaient pas, surtout aux artisans des villes, de retirer le juste prix de leur labeur. L'industrie ne se serait jamais relevée, si ceux-là mêmes qui étaient intéressés à sa prospérité n'étaient venus à son secours.

Dès le xiie siècle, les petits et les faibles sentirent la nécessité de secouer le joug des seigneurs. Trop faibles pour résister séparément et pour vaincre le despotisme, ils se groupèrent par corps de métiers, à l'imitation des corporations romaines. Ils luttèrent ainsi avec plus d'avantage contre la puissance féodale.

Au xiii^o siècle, le mouvement communal, dont ces associations avaient été les précurseurs, leur donna une nouvelle activité, et leur organisation devint complète et régulière. L'affranchissement des communes, qui joua un si grand rôle dans la renaissance de l'industrie de notre pays, fut favorisé par le Roi et ses ministres. C'est au XIIe siècle et au XIIIe, que Suger et Philippe-Auguste affranchissent les villes de Saint-Denis, d'Orléans et de Beaumont-sur-Oise. C'est au XIVe siècle que Louis le Hutin publie une ordonnance où il reconnaît en droit la liberté individuelle, et que, pour cette raison, nous ne pouvons nous dispenser de citer :

« Comme, selon le droit de nature, disait-il, chacun doit naître franc ; et, par aucuns usages et coutumes, qui de grant ancienneté ont esté introduites et gardées jusques cy en nostre royaume, et par aventure pour le meffet de leurs prédécesseurs, moult de nostre commun peuple soit encheüs en lieu de servitudes et diverses conditions, qui moult nous déplaist ; nous, considérans que nostre royaume est dit et nommé le royaume des Francs, et voulant que la chose en vérité soit accordant au nom,..... avons ordoné et ordonons que, géneraument par tout nostre royaume, telles servitudes soient ramenées à franchise..... Pour ce que les autres seigneurs qui ont hommes de corps preignent exemple à nous, de eux ramener à franchise. »

CHAPITRE II.

De l'organisation des corporations et des abus des règlements.

· A partir du xiii° siècle jusqu'aux réformes de Turgot, ou mieux jusqu'en 1789, le travail et l'industrie nationale furent enfermés dans les corporations de métiers. Ces corporations eurent pour but de protéger l'ouvrier contre les officiers du seigneur qui le rançonnaient à merci ; de lutter contre la concurrence des artisans étrangers, qui, en venant s'établir dans la ville, à côté des ouvriers français, leur auraient fait une concurrence redoutable ; d'interdire aux artisans d'un métier d'en envahir un autre ; de soutenir l'honneur du métier en défendant de vendre de mauvais produits, et enfin d'élever des barrières contre l'envahissement des professions, en limitant le nombre des apprentis.

Les membres des corporations firent, dans le principe, des statuts secrets, qu'ils jurèrent de faire respecter, et peu à peu, enhardis par leur nombre et par la force de leurs associations, ils considérèrent leurs conventions comme des droits. Mais leur triomphe ne fut définitif que lorsque le seigneur lui-même eut sanctionné ces droits. La corporation eut alors une existence légale, et elle put élever ses priviléges contre les priviléges des autres ordres.

Le caractère de la corporation fut l'égoïsme. Ceux qui avaient lutté pour obtenir des priviléges ne voulaient pas les communiquer à ceux qui n'avaient pas participé à la lutte. Poussés par cet esprit égoïste, les artisans, en rédigeant leurs statuts, eurent soin d'écarter tout ce qui aurait pu leur enlever le métier qui les faisait vivre, ou du moins diminuer le profit qu'ils en tiraient.

Les règlements des corporations du Nord furent tous aussi exclusifs que possible. Dans le Midi, au contraire, la liberté y avait toujours été plus grande que dans le Nord, et l'industrie n'avait pas eu à y conquérir ses droits contre la féodalité : aussi les portes de la corporation étaient-elles ouvertes à tous, du moins dans le principe. Cet esprit des statuts des corporations du Midi, qu'on pourrait appeler libéral en le comparant aux coutumes des métiers du Nord, ne persista pas longtemps, et bientôt les habitants du Midi modelèrent leurs statuts sur ceux de Paris. On peut donc considérer le corps de métiers du Nord, et principalement celui de Paris, comme le type de la corporation.

Malgré tout ce qu'on a pu dire au sujet des corporations, nous ne pouvons oublier les services rendus par elles à l'industrie française, en lui donnant une organisation forte et puissante. Mais nous devons regretter aussi que, les difficultés vaincues, la bourgeoisie n'ait pas su secouer le joug de l'intérêt privé pour s'occuper de l'intérêt général, et que, au lieu de multiplier les règlements, barrières infranchissables pour tous ceux qui ne faisaient pas partie de la corporation, les privilégiés des métiers n'aient pas voulu, avec la royauté, les rendre plus accessibles, ou les supprimer pour laisser un libre essor à la prospérité commerciale et industrielle de la nation. Quoi qu'il en soit, les corporations françaises furent un progrès sur l'organisation du travail à Rome et dans l'empire romain, et une transition entre le régime du despotisme et le régime de la liberté.

Ces réflexions étaient nécessaires pour bien faire comprendre notre pensée lorsque nous adresserons des critiques aux règlements des corporations.

A la différence du collége romain enchaînant pour la vie tous ses membres, le corps de métier français laissait l'ouvrier libre de l'abandonner. Comme le collége romain, il avait son administration intérieure, ses lois, ses priviléges, ses magistrats et ses revenus.

La corporation était administrée par ses chefs, désignés sous les noms de maîtres du métier, gardes ou prud'hommes. Ils exerçaient leur surveillance sur les membres de la corporation et sur la fabrication, présidaient les fêtes et les solennités, et rendaient la justice dans certains cas. Ces magistrats étaient élus par les prud'hommes sortant de charge, ou par la corporation tout entière ; souvent même ils étaient nommés et révoqués par le prévôt de Paris, ou par les officiers du Roi ou du seigneur dans les autres villes.

Comme nous l'avons dit dans le chapitre précédent, les membres de la corporation faisaient eux-mêmes leurs statuts, sanctionnés ensuite par celui qui détenait la puissance publique.

Les revenus des corps de métiers, provenant des legs à eux faits, des amendes imposées à ceux qui enfreignaient les règlements, des droits d'admission, des cotisations de leurs membres, servaient à couvrir les dépenses communes et à subvenir aux besoins des nécessiteux du métier.

La corporation se composait de trois ordres de personnes : les apprentis, les ouvriers et les maîtres.

Les apprentis étaient fils de maître ou étrangers au métier. Ils n'étaient pas livrés au patron sans aucune garantie. Lorsqu'on s'était assuré de la moralité de ce dernier, on passait un contrat devant deux maîtres du métier; les termes de ce contrat étaient ordinairement fixés par les statuts eux-mêmes. L'apprenti s'engageait à rester dans la maison du maître quatre, huit et même douze ans, et à lui payer une certaine somme.

Presque tous les statuts des métiers de Paris défendaient d'avoir plus d'un ou deux apprentis. Cependant tous les fils d'un maître pouvaient apprendre le métier de leur père, et tout porte à croire que c'est dans cette catégorie que se recrutait la plus grande partie des apprentis. Les statuts donnaient pour raison à la prohibition dont nous venons de parler la nécessité de bien instruire l'apprenti; mais la véritable raison était la crainte de livrer à un trop grand nombre d'individus les secrets des professions. C'était là une prétention exhorbitante, et c'est à juste titre qu'on peut reprocher aux corporations ce petit esprit de coterie.

A la fin de l'apprentissage, l'apprenti devenait valet. De nouveaux devoirs lui étaient imposés; mais ses droits étaient mieux garantis, et sa liberté plus grande. Tous les matins, les valets étaient obligés de se rendre dans un carrefour ou sur une place: là les patrons venaient les chercher, et les embauchaient pour un temps déterminé. Une fois embauché, le valet devait se rendre chez son maître dès la pointe du jour, et ne quitter la maison qu'au coucher du soleil. Pendant la durée de l'engagement, il ne pouvait pas louer ses services à un autre; mais aussi il ne pouvait être congédié sans raison.

L'ouvrier qui voulait devenir maître devait faire un chef-d'œuvre, souvent détruit par des maîtres rivaux. Si le chef-d'œuvre était reconnu fait dans de bonnes conditions, moyennant des droits payés au roi et à la corporation dont on voulait faire partie, on obtenait des lettres de maîtrise du souverain : alors seulement on avait le droit de s'établir et de faire le commerce à son compte.

L'obligation de faire un chef-d'œuvre pour devenir maître n'existait pas, pour ainsi dire, au xiiie siècle ; mais aux xive et xve cette obligation devint générale. Le chef-d'œuvre est un long et difficile travail donné par la corporation à l'ouvrier qui veut s'établir. Nul ne doit s'aviser de travailler pour son compte s'il n'a pas subi cette épreuve. S'il transgresse cette loi, ses outils, ses marchandises, sont saisis, et il est condamné à l'amende.

Les règlements et les ordonnances nous apprennent la manière dont ce travail était exécuté, les fraudes et les injustices qui s'y mêlaient souvent. Pour faire son chef-d'œuvre, l'ouvrier était enfermé dans la chambre d'un des jurés qui devaient juger son travail ; défense lui était faite de communiquer avec d'autres personnes que le compagnon qu'on lui accordait, lorsque le travail qu'on réclamait de lui ne pouvait être fait par une seule personne. Il restait ainsi enfermé pendant de longs mois. Le chef-d'œuvre terminé, les jurés se réunissaient, et décidaient si l'œuvre leur paraissait « idoine et suffisante ».

Le chef-d'œuvre agréé, en outre des droits mentionnés plus haut, l'ouvrier devait donner un banquet à tous ceux qui l'avaient assisté. Encore ce banquet devait-il être somptueux ; car, s'il avait lésiné soit sur la quantité, soit sur la qualité des mets, il courait grand risque de ne pas être admis dans le corps de métier. Tous ces frais, au lieu de diminuer, augmentaient d'année en année, et rendaient l'accès de la corporation presque impossible pour un très-grand nombre de personnes, et même pour les plus habiles.

La décision des jurés n'était pas sans appel. Si le chef-d'œuvre avait été refusé, son auteur le portait aux échevins, qui, à leur tour, rendaient un jugement.

Le chef-d'œuvre exigé des fils de maîtres était beaucoup plus facile. Les juges n'étaient autre ordinairement que les amis de son père. Pour lui, les droits de réception étaient réduits de moitié. Aussi arrivait-il bien rarement qu'on lui refusât l'entrée dans la corporation.

On le voit, l'injustice est flagrante : tout est fait avec la ferme intention de favoriser les gens déjà établis ainsi que leurs enfants, et pour éloigner ceux dont les ressources étaient insuffisantes pour payer tous les droits exigés.

Les règlements nombreux sur la fabrication furent la conséquence du monopole dont jouissaient les corporations. Si la vente des produits était assurée par ce monopole, il fallait aussi prévenir, autant que possible, les fraudes que la concurrence, si elle eût existée, aurait pu empêcher.

C'était avec une minutie toujours exagérée que les règlements fixaient le mode de fabrication, la forme, le poids, la qualité et la quantité de la matière des produits. On supposait toujours que l'artisan voulait tromper l'acheteur : aussi il fallait que le maître exerçât son métier au grand jour, à la vue du public. De là aussi l'interdiction du travail de nuit.

Les prud'hommes et les gardes du métier veillaient à l'exécution de ces règlements. Ils saisissaient, confisquaient ou brûlaient la mauvaise marchandise ; le délinquant payait une amende, et on augmentait la punition s'il faisait résistance.

La vente était soumise à des règlements de même nature que la fabrication : obligation de faire vérifier les balances ; défense d'appeler de loin les chalands, ou de leur offrir ses marchandises lorsqu'ils étaient devant la boutique d'un voisin.

L'empiétement d'un métier sur un autre était rigoureusement défendu. Ainsi les merciers, les maréchaux-ferrants, les forgerons, n'avaient le droit ni de vendre ni de réparer une clef ; un ébéniste, de faire un meuble garni d'une serrure, parce que les seuls serruriers pouvaient faire des serrures. Un tailleur ne devait pas réparer de vieux habits, ni un fripier en faire de neufs.

La surveillance exercée par les prud'hommes pouvait bien prévenir certains abus, mais la fraude était plus puissante que les règlements ; et ceux-là mêmes qui étaient chargés de la punir se faisaient ses complices en favorisant ceux de leurs confrères qui les avaient élus ou qui, l'année suivante, devaient les juger. Toute leur sévérité était réservée pour celui qui travaillait sans avoir obtenu la maîtrise, ou pour le marchand forain qui venait vendre ses produits dans la ville.

La délimitation des métiers ne permettait pas aux œuvres nouvelles de se faire jour : personne ne songeait à modifier son industrie en y introduisant des éléments nouveaux, parce qu'il pouvait arriver qu'aucune pièce de l'objet ou de la machine inventés ne pût être fabriquée dans l'atelier de son auteur. Les prud'hommes, avec lesquels on pouvait souvent composer, n'étaient pas favorables aux inventions, et empêchaient par tous les moyens l'introduction dans les métiers de tout ce qui était supérieur à ce qui existait. Leur intérêt mal entendu les engageait à agir ainsi.

De la délimitation des métiers naissaient aussi des conflits sans nombre entre artisans, parce qu'il était im-

5

possible de fixer les bornes d'un métier comme on détermine les limites d'un champ. C'étaient procès continuels
entre fripiers et chaussiers ; entre bourreliers et selliers ;
entre fripiers et colporteurs de friperies ; entre teinturiers
et drapiers.

Avec l'esprit des corporations, il était impossible de
créer la grande industrie. Les règlements, en effet, défendaient aux membres des corps de métiers de s'associer
pour exploiter une industrie, parce qu'on craignait que
quelques-uns n'accaparassent le monopole de la fabrication.

Telles sont, à grands traits, les principales règles du
corps des métiers. On y voit un esprit de suite et un
certain bon sens qui ne se démentirent jamais pendant
les six siècles que durèrent les corporations. L'artisan se
faisait gloire d'appartenir à sa corporation, et ne voyait
pas d'autres lois préférables à ses statuts. C'est pour
conserver ce que leurs pères avaient établi que les
artisans luttèrent contre la royauté, tantôt avec avantage
quand celle-ci n'était pas assez forte pour se faire obéir
ou qu'elle trouvait son intérêt à céder, tantôt avec perte
quand le Roi était assez puissant pour imposer sa volonté.

Cette lutte continuelle entre la royauté, qui voulait
non la liberté, parce qu'elle en ignorait les avantages,
mais la conciliation du progrès avec l'organisation de la
corporation, et les corps de métiers jaloux de leurs priviléges, fait partie essentielle de l'histoire de ces derniers.
C'est dans les ordonnances de nos rois qu'il faut étudier
les différentes péripéties de cette grande lutte. De cette
étude ressortiront avec plus de clarté les avantages de la
liberté en cette matière, ces avantages se borneraient-ils
à empêcher ces conflits entre le pouvoir et les citoyens.

Les Capétiens eurent à combattre la féodalité et la puissance des seigneurs : c'est pour vaincre cette même puissance que les artisans, comme nous l'avons déjà dit, se réunirent dans leurs associations. Poursuivant le même but, la royauté et les classes ouvrières étaient des alliées naturelles. Celles-ci n'étaient pas encore assez fortes pour se faire craindre. Aussi la politique de cette race de nos rois laissa-t-elle les ouvriers libres dans leurs corporations, sans s'occuper de l'industrie et du commerce.

A l'avènement de Philippe VI de Valois (1328), il n'en était plus ainsi. Les seigneurs, vaincus, s'étaient réunis autour du trône pour former une cour. Les classes ouvrières, au contraire, étaient devenues riches, et n'étaient pas disposées à abdiquer devant la puissance royale. Philippe VI entama la lutte ; mais il s'y prit maladroitement, car son premier acte fut de vouloir fixer les salaires et le prix des marchandises.

Jean le Bon, son successeur, fit de même ; mais, à côté de ces mesures absurdes, son ordonnance de 1351, pour la vicomté de Paris, contient des prescriptions qui, si elles avaient été exécutées, auraient fait faire un grand pas dans la voie de la liberté. Mais, comme nous allons le voir, cette ordonnance voulut aller trop vite dans cette voie, et elle se heurta contre les corporations, qui se sentirent blessées au cœur.

« Toutes manières de gens quelconques, dit cette ordonnance, qui sçauront eux mesler et entremettre de faire mestier, œuvre, labeur ou marchandise quelconque, le puissent faire et venir faire (art. 228). » Elle permettait également à tous « d'avoir, prendre et tenir en leurs hôtels tant d'apprentis comme ils voudront, à temps convenable et à prix raisonnable. »

Tous les métiers cependant n'étaient pas devenus libres. Le besoin d'argent fit créer des offices de vendeurs, crieurs, courtiers aux halles, nommés par le prévôt de Paris, moyennant un certain prix. Des nombreux articles de cette ordonnance il n'y eut que ceux qui étaient relatifs à ces offices qui purent être ramenés à exécution, parce qu'ils étaient la source d'un grand revenu.

Charles VI, après la victoire de Roosebeke sur les Flamands, pour punir les révoltes des bourgeois de l'année précédente (1382), rendit l'ordonnance du 27 janvier 1383, qui cassait les maîtres des métiers et en confiait la nomination au prévôt de Paris. En 1387, les bouchers de Paris obtinrent d'être réintégrés dans leurs priviléges. Les autres corps reparurent successivement · aussi ne vit-on pas les corporations prendre part aux troubles des Cabochiens; les bourgeois les combattirent même à côté de la royauté.

Au xv⁰ siècle, le royaume était ruiné; l'industrie et le commerce devaient faire de vigoureux efforts pour se relever. La royauté abandonna la politique suivie depuis Philippe de Valois, et favorisa les corps de métiers, en se contentant de concéder elle-même leurs statuts. Charles VII rendit une foule d'ordonnances pour réunir en corps les métiers restés jusque-là sans discipline, et confirmer les anciens statuts, en ayant toujours soin de se réserver une part des droits et des amendes.

Louis XI, en haine de la noblesse, reprit la politique des Capétiens, et s'assura du concours de la bourgeoisie, qui s'arma en sa faveur contre Charles le Téméraire. Désormais la corporation ne jouira plus de sa liberté, et tous les maîtres des métiers devront jurer devant leurs principaux « qu'ils seront bons et loyaux au Roi » : la royauté interviendra dans les règlements de l'industrie, dirigera le commerce, et l'unité commencera à envelopper les corps de métiers. C'est à partir aussi de cette époque que les rois s'arrogèrent le droit de nommer, à leur avènement, des maîtres du métier, en les dispensant des droits et des épreuves. (Ord. 23 août 1461.)

Louis XI dérogea aux règlements des corporations, et cela pour le plus grand bien de la prospérité industrielle, en favorisant de la liberté les ouvriers qu'il fit venir de l'étranger. Dès ce moment, l'Italie n'eut plus à elle seule le monopole de la fabrication des étoffes d'or et de soie, et la France n'eut plus besoin d'avoir recours à elle pour se procurer ce genre de produits si fécond en richesses. (Ord. mai 1497.)

C'est encore par des dérogations aux lois générales des corporations que les rois parvenaient à protéger les inventeurs. Ils leur accordaient des primes et des brevets qui leur permettaient d'exploiter librement, pendant un temps déterminé, leurs nouvelles découvertes, ce qu'ils n'auraient pu faire sans être inquiétés par les prud'hommes. Voici comment Charles IX s'exprime à ce sujet dans des lettres-patentes du 13 juin 1568 :

« Nous voulons accroistre le désir à tous et à chacuns de nos subjetz et les exciter à s'exercer à choses bonnes et prouffitables au publicq de nostre royaume, et s'occuper et employer, en recongnoissant et authorisant par dessus les autres par priviléges et bienfaits les personnes vertueuses et industrieuses en tous arts ».

Le système suivi alors était préférable à celui de nos jours. Aujourd'hui, comme alors, on donne bien à l'inventeur le droit d'exploiter ou de vendre le nouveau produit à l'exclusion de tous les autres ; mais autrefois, au lieu de lui demander le paiement de ce droit, on lui accordait une prime, ce qui était logique et plus encourageant.

Nous avons vu Louis XI, par son ordonnance du 23 août 1461, s'arroger le droit de vendre des lettres de maîtrise. Ses successeurs en usèrent largement. Henri III alla plus loin : sa sœur Marguerite s'était mariée avec le roi de Navarre en 1572 ; en 1580, il publia une ordonnance, par laquelle il lui donnait le droit de nommer deux maîtres de chaque métier dans les villes où elle était entrée et où elle entrerait.

Au premier abord, de telles mesures paraissent arbitraires ; mais on est bien vite porté à absoudre leurs auteurs, en songeant que la liberté pouvait en bénéficier. Ces lettres, en effet, élargissaient le cercle de la corporation, en dispensant ceux qui les obtenaient, comme nous l'avons déjà dit, de l'apprentissage, du chef-d'œuvre, et de plus en exigeant de lui des droits moins élevés que ceux exigés par la corporation. Mais, comme toujours, les anciens maîtres résistèrent, et ils trouvèrent moyen d'empêcher des concurrents d'acheter ces lettres.

Le monument législatif le plus remarquable du règne de Henri III est son ordonnance de décembre 1581. Il se propose d'abord, comme Charles VII, d'organiser des corporations pour tous les métiers. « Que tous artisans et gens de mestier, est-il dit dans l'article 1, demeurans et besongnans comme maîtres de leurs arts et mestiers, ès villes, fauxbourgs, bourgs, bourgades et autres lieux de nostre dit royaulme, esquels il n'y maistrise ne jurez, soit en boutiques ouvertes, chambres, asteliers ou autres endroits, qui y seront trouvez besongnans lors de la publication du présent édict, seront tenus de prester le serment de maistrise desdits arts et mestiers par devant le juge ordinaire du lieu..... »

Tout en multipliant les corporations, le Roi voulait, comme ses prédécesseurs, leur enlever leur caractère d'exclusion, et permettre à tous ses sujets de s'établir où ils voudraient dans la plus grande partie du royaume. C'est cette idée qui caractérise l'ordonnance de 1581, comme l'a fait remarquer M. Wolowski (1).

Plusieurs articles de cette ordonnance sont en effet destinés à agrandir le cercle dans lequel pourra exercer celui qui jouit du privilége de la maîtrise. Les barrières qui séparaient les villes de leurs faubourgs sont abaissées, pour permettre aux maîtres qui auront exercé pendant trois ans d'aller s'établir dans les villes, « sans estre pour ce tenus faire nouveau chef-d'œuvre ny sujets à autres devoirs que ceux qu'ils ont déjà faits esdits faubourgs. » (Art. 4.)

Quant aux artisans qui auront été reçus maîtres dans la ville de Paris, ils pourront aller demeurer et exercer dans tout le royaume (art 6). La règle générale est contenue dans l'article 7, dont voici les termes : « Ceux qui seront institués ès villes où sont nos autres parlemens pourront semblablement aller demeurer et exercer leursdits mestiers dans toutes les villes, bourgs et endroits du ressort desdits parlements ».

Un des graves inconvénients qui résultaient des règlements était l'impossibilité, pour celui qui n'avait pas réussi dans son métier, de se rejeter sur un autre, parce que, prétendait-on, il ne fallait pas que le malheur des uns nuisît au

---

(1) *De l'organisation industrielle. (Revue de lég. et de jurisp.* année 1843, T. XVII, p. 265.)

bonheur des autres. Henri III voulut porter remède à cette situation, et, pour ce faire, il autorisait tout artisan à se faire recevoir dans deux métiers de même genre, en faisant deux chefs-d'œuvre (art. 12). La concession était peu large, mais elle était un progrès destiné à soulager l'infortune.

Le Roi donnait au chef-d'œuvre plus de facilités : il ne devait pas durer plus de trois mois. Trouvé mauvais par les jurés, il était examiné par deux commissions nommées par le juge royal, et, en cas de partage, l'avis le plus favorable l'emportait.

Cette ordonnance contenait encore d'autres dispositions favorables à la liberté, dont aurait pu bénéficier la classe ouvrière ; mais les corporations résistèrent encore, et elle ne fut pas plus suivie que les autres.

Ces résistances ne furent vaincues que par Henri IV, qui, par son ordonnance de 1597, confirma celle de 1581. La royauté triomphe enfin, et désormais elle pourra poursuivre son œuvre sans rencontrer de grands obstacles. C'est grâce à son autorité incontestée qu'Henri IV put protéger la naissance de la grande industrie. Sans cette autorité, les corporations l'auraient étouffée. Mais le grand Roi ne négligea rien de ce qu'il croyait pouvoir lui être utile ; il la favorisa par ses lois et par des priviléges, mais sans trop la gêner.

La mesure par laquelle Henri IV dérogea le plus complètement aux lois générales des corporations fut la création de la galerie du Louvre, où il installa des peintres, des sculpteurs, des orfèvres, des horlogers, ainsi « qu'autres de plusieurs et excellents arts, tant pour nous servir d'iceux, disait-il, comme pour estre par ce mesme moyen employés par nos subjets..... ». Pour eux, plus de visites, plus de jugement des jurés ; faculté d'avoir deux apprentis et d'en faire recevoir un tous les cinq ans à la maîtrise, sans qu'il ait fait un chef-d'œuvre, et sans payer de droits. Ce qui prouve que l'institution était bonne, et que ces privilégiés de la liberté faisaient une rude concurrence aux membres des corporations, c'est que ceux-ci réclamèrent, et qu'un an après (1609) le Roi fut obligé de confirmer ses artistes dans leurs priviléges par des lettres-patentes.

Lorsque Colbert arriva au ministère, sa sollicitude se porta tout d'abord sur l'état de l'industrie. Il fut frappé de l'imperfection des règlements et de leur peu de rapport avec les nécessités de son époque. Son attention se porta principalement sur la fabrication et la teinture des étoffes et des fils et sur les fraudes qui s'y commettaient. Il rendit, en 1669, trois grandes ordonnances sur cette matière, qui furent enregistrées dans un lit de justice du 13 août. Voici comment il s'exprime dans le préambule de l'ordonnance sur la fabrication des étoffes : « Nous désirons, dit-il, remédier, autant qu'il nous est possible, aux abus qui se commettent depuis plusieurs années aux longueurs, largeurs, force et bonté des draps, serges et autres étoffes de laine et fil, et rendre uniformes toutes celles de mesme sorte, nom et qualité, en quelque lieu qu'elles puissent être fabriquées, tant pour en augmenter le débit dedans et dehors nostre royaume, que pour empescher que le public ne soit trompé..... ».

Comme les règlements des corporations sous la féodalité, Colbert fixait, dans ces ordonnances, la qualité des matières premières, le mode de fabrication de chaque genre d'étoffe. Ce qui était particulier à chaque corporation devint général pour toute la France. Tout en voulant faire pour le mieux, ce grand ministre faisait fausse route. Par ces règlements, il accomplissait de grandes améliorations dans la fabrication, mais il créait l'uniformité et renouvelait l'immobilité, deux vices également nuisibles à la prospérité d'une industrie. Pour se soumettre à la loi, les fabricants étaient obligés à de grandes dépenses, dont ils ne retiraient pas de bénéfices, parce qu'ils ne pouvaient satisfaire tous les goûts ni mettre leurs produits à la portée de tous. Il est vrai qu'il modifia souvent les règlements ; mais ces modifications ne pouvaient se faire que lorsque le mal était fait, parce qu'alors seulement on reconnaissait les défauts de la loi.

Louis XIV, sous l'inspiration de Colbert, fit comme ses prédécesseurs : il modifia les statuts des corporations, et en créa un grand nombre d'autres. (Édits, 23 mars 1673.)

C'est ainsi qu'après cinq siècles le système des corporations se trouva plus fort que jamais, et que les règlements furent plus autoritaires que jamais ils ne l'avaient été.

Avant Colbert, les corporations et les règlements existaient, mais il était facile d'y déroger. Sous Louis XIV, la surveillance des classes ouvrières se rattacha au pouvoir central, et dès lors la dérogation aux lois fut plus difficile. On peut donc reprocher à Colbert d'avoir augmenté les entraves de l'industrie, au lieu d'avoir cherché à les faire disparaître. Sa seule excuse est d'avoir suivi l'esprit de son temps et d'avoir consacré les idées des artisans eux-mêmes.

Ce que nous venons de dire des règlements, nous pouvons le dire également des statuts. Ils fixaient encore le nombre des apprentis, un ou deux ; la durée de l'apprentissage, quatre ans au moins, huit au plus. Lorsqu'un ouvrier était congédié ou qu'il devait quitter son patron, il pouvait rester huit jours dans la maison. L'institution du chef-d'œuvre, quoique améliorée, subsistait toujours ; les droits d'admission avaient augmenté, et on cherchait encore de nouveaux moyens pour diminuer le nombre des maîtres.

Sous Louis XV, les règlements furent étroits et oppressifs, et on suivit en tous points les errements de Colbert.

Nous arrivons ainsi au règne de Louis XVI et aux réformes de Turgot, qui n'eurent, pour ainsi dire, pas plus d'influence sur l'esprit de ses concitoyens que les ordonnances de nos rois.

———————

CHAPITRE III.

Réformes de Turgot.

En 1761, Turgot avait été nommé intendant de la province du Limousin. Les succès de son administration furent tels, qu'on finit par dire que la province qu'il gouvernait ressemblait à un petit état fort heureux enclavé dans un empire vaste et malheureux. Son talent et ses succès le signalèrent à Louis XVI, qui, en 1774, l'appela au ministère. Il put alors entreprendre les réformes économiques appliquées par lui en Limousin dans la limite de l'autorité qui lui appartenait.

Cet homme de génie, dont les idées économiques avaient de beaucoup dépassé celles des hommes de son temps, qui considérait l'inégalité des conditions comme un fait nécessaire, qui trouvait normal le partage des hommes en propriétaires, capitalistes et simples travailleurs, mais qui professait également que la morale regarde tous les hommes du même œil, qu'elle reconnaît dans tous un droit égal au bonheur (1), tirait de cette dernière opinion la conséquence logique que l'inégalité n'est rationnelle qu'autant qu'elle dérive de la nature des choses. De là

---

(1) 2ᵉ lettre sur la tolérance.

sa haine pour les priviléges, les monopoles et toutes les institutions, en un mot, qui tendent à distribuer la richesse d'une manière artificielle, et à deshériter la moralité, l'intelligence, le travail, du droit de l'acquérir ; de là aussi son insistance sur le grand principe de la liberté industrielle et commerciale, qu'il réclamait plus encore au nom de la justice qu'au nom de l'économie politique. Pour arriver à cette liberté, la première chose à faire était de supprimer les corporations.

Turgot profita, en 1776, de deux occasions qui réclamaient impérieusement cette suppression, pour obtenir un édit de Louis XVI. A cette époque, les denrées nécessaires à la subsistance du peuple avaient atteint un prix exorbitant, et les communautés formaient, par leur organisation, un obstacle invincible à ce que ces denrées baissassent de prix. Le grand ministre estimait avec raison que, tant que les communautés de bouchers et de boulangers existeraient, il serait impossible de vaincre les manœuvres qu'ils employaient pour faire enchérir les denrées au-delà de leur véritable prix. « Ce n'est, ajoutait-il, que par la concurrence la plus libre qu'on peut y arriver (1). » Cette dernière pensée, si naturelle, n'a pas été comprise par les législateurs de la révolution, et l'on sait qu'aujourd'hui encore les maires ont le pouvoir de taxer le pain.

Un second motif pour supprimer les corporations à ce moment-là était la situation où se trouvaient les fabriques anglaises, par la cessation du commerce avec les

---

(1) Mémoire au roi sur six projets d'édits, dont un tendant à supprimer les jurandes.

colonies américaines. Turgot voulait attirer en France les ouvriers anglais, et avec eux une multitude de procédés utiles, inconnus dans nos fabriques à cette époque. Ce but ne pouvait être atteint que par la suppression des jurandes, qui fermaient leurs portes à tout ouvrier qui n'avait pas passé par de longues épreuves, et en général aux étrangers.

Louis XVI, dont la seule ambition était de rendre son peuple heureux, se rendit facilement aux raisons apportées par Turgot pour supprimer les corps de métiers. Ces raisons sont exposées dans le beau préambule de l'édit signé par le Roi, au mois de janvier 1776, dont nous extrayons le passage suivant :

« Dieu, en donnant à l'homme des besoins, en lui rendant nécessaire la ressource du travail, a fait du droit de travailler la propriété de tout homme, et cette propriété est la première, la plus sacrée et la plus imprescriptible de toutes.

» Nous regardons comme un des premiers devoirs de notre justice, et comme un des actes les plus dignes de notre bienfaisance, d'affranchir nos sujets de toutes les atteintes portées à ce droit inaliénable de l'humanité. Nous voulons, en conséquence, abroger ces institutions arbitraires, qui ne permettent pas à l'indigent de vivre de son travail ; qui repoussent un sexe à qui sa faiblesse a donné plus de besoins et moins de ressources, et qui semblent, en le condamnant à une misère inévitable, seconder la séduction et la débauche ; qui éteignent l'émulation et l'industrie, et rendent inutiles les talents de ceux que les circonstances excluent de l'entrée d'une communauté ; qui privent l'Etat et les arts de toutes les lumières que les étrangers y apporteraient ; qui retardent le progrès de ces arts par les difficultés multipliées que rencontrent les

inventeurs, auxquels différentes communautés disputent
le droit d'exécuter des découvertes qu'elles n'ont point
faites ; qui, par les frais immenses que les artisans sont
obligés de payer pour acquérir la faculté de travailler,
par les exactions de toute espèce qu'ils essuient, par les
saisies multipliées pour de prétendues contraventions,
par les dépenses et les dissipations de tout genre, par les
procès interminables qu'occasionnent entre toutes ces
communautés leurs prétentions respectives sur l'étendue
de leurs priviléges exclusifs, surchargent l'industrie d'un
impôt énorme, onéreux aux sujets, sans aucun fruit pour
l'Etat ; qui enfin, par la faculté qu'elles donnent aux
membres de ces communautés de se liguer entre eux, de
forcer les membres les plus pauvres à subir la loi des
riches, deviennent un instrument de monopole, et favori-
sent des manœuvres dont l'effet est de hausser au-dessus
de leur proportion naturelle les denrées les plus nécessaires à la subsistance du peuple. »

La crainte de la licence industrielle ne pouvait entraver
cette grande réforme, car la pratique avait déjà prouvé
en quelques lieux que la liberté en cette matière ne
pouvait pas l'occasionner. Les ouvriers des faubourgs et
autres lieux privilégiés ne travaillaient pas moins bien
que ceux de l'intérieur de Paris.

Aussitôt que la teneur de l'édit fut connue (1), on en-

---

(1) L'art. 1er est ainsi conçu : « Il sera libre à toutes personnes,
de quelque qualité et condition qu'elles soient, même à tous
étrangers, encore qu'ils n'eussent point obtenu de Nous des lettres
de naturalité, d'embrasser et d'exercer dans tout notre royaume, et
nommément dans notre bonne ville de Paris, telle espèce de com-

tendit de tous côtés les clameurs des gens tenant boutiques
et magasins, dont la vanité se révoltait de voir investir
leurs apprentis, leurs compagnons, tous les salariés sous
leurs ordres, des mêmes droits qu'eux-mêmes, et dont la
cupidité ne pouvait comprendre qu'il n'y eût que justice
à détruire les monopoles dont jusqu'alors on les avait
laissés tranquillement en possession.

Le parlement se fit l'écho de tous ces égoïsmes en
refusant d'enregistrer cet édit. Le Roi fut donc obligé de
tenir un lit de justice, le 12 mars de la même année, pour
forcer ce corps à céder à la volonté suprême. Si cette
façon de procéder paraît étrange, ne semble-t-elle pas
justifiée dans cette circonstance ? Il y avait là, de la part
des conseillers, un entêtement vraiment incompréhen-
sible ; car, si la création des corporations avait eu un
juste motif, la nécessité de lutter contre la féodalité,
leur conservation à ce moment ne pouvait trouver aucune
bonne raison. Ce qui confirme cette assertion ce sont les
tristes motifs du refus du Parlement, exposés par Antoine
Séguier, avocat du roi, pendant ce lit de justice du 12
mars 1776.

« Ce genre de liberté, disait Séguier en parlant de la

-----

merce et telle profession d'arts et métiers que bon leur semblera,
même d'en réunir plusieurs ; à l'effet de quoi nous avons éteint
et supprimé, éteignons et supprimons tous les corps et les communautés de marchands et artisans, ainsi que les maîtrises et
jurandes. Abrogeons tous privilèges, statuts et règlements
donnés auxdits corps et communautés, pour raison desquels nul
de nos sujets ne pourra être troublé dans l'exercice de son commerce et de sa profession, pour quelque cause et sous quelque prétexte que ce puisse être. »

liberté de l'industrie, n'est autre chose qu'une véritable indépendance ; cette liberté se changerait bientôt en licence ; ce serait ouvrir la porte à tous les abus, et ce principe de richesse deviendrait un principe de destruction, une source de désordre, une occasion de fraude et de rapines, dont la suite inévitable serait l'anéantissement total des arts et des artistes, de la confiance et du commerce.

» Tous vos sujets, Sire, sont divisés en autant de corps différents qu'il y a d'états différents dans le royaume : ces corps sont comme les anneaux d'une grande chaîne, dont le premier est dans la main de Votre Majesté, comme chef et souverain administrateur de tout ce qui constitue le corps de la nation.

» La seule idée de détruire cette chaîne précieuse devrait être effrayante. Les communautés de marchands et artisans font une portion de ce tout inséparable qui contribue à la police du royaume ; elles sont devenues nécessaires, et, pour nous renfermer dans ce seul objet, la loi, Sire, a érigé des corps de communautés, a créé des jurandes, a établi des règlements, parce que l'indépendance est un vice de la constitution politique, parce que l'homme est toujours tenté d'abuser de la liberté.

» Le but qu'on a proposé à Votre Majesté est d'étendre et de multiplier le commerce en le délivrant des gênes, des entraves, des prohibitions introduites, dit-on, par le régime règlementaire. Nous osons, Sire, avancer à Votre Majesté la proposition diamétralement contraire : ce sont ces gênes, ces entraves, ces prohibitions qui font la gloire, la sûreté, l'immensité du commerce de la France...

» Dès que l'esprit de subordination sera perdu, l'amour de l'indépendance va germer dans tous les cœurs. Tout ouvrier voudra travailler pour son compte ; les maîtres actuels verront leurs boutiques et leurs magasins abandonnés ; le défaut d'ouvrage, et la disette qui en sera la suite, ameutera cette foule de compagnons échappés des ateliers où ils trouvaient leurs subsistances ; et la multitude, que rien ne pourra contenir, causera les plus grands désordres.

» D'ailleurs, donner à tous vos sujets indistinctement la faculté de tenir magasins et d'ouvrir boutiques c'est violer la propriété des maîtres qui composent les communautés. La maîtrise, en effet, est une propriété réelle, qu'ils ont achetée, et dont ils jouissent sur la foi des règlements ; ils vont la perdre, cette propriété, du moment qu'ils partageront le même privilége avec tous ceux qui voudront entreprendre le même trafic, sans en avoir acquis le droit aux dépens d'une partie de leur patrimoine ou de leur fortune. »

Ainsi, d'après Séguier, parce que l'homme est tenté d'abuser de la liberté, il faut conserver ces corporations qui sont une chaîne pour ceux qui y entrent et une cause de misère pour ceux qui veulent et ne peuvent y entrer.

Il craint que, les règlements sur la composition, la forme et le prix des objets fabriqués n'existant plus, l'acheteur ne se laisse facilement jeter de la poudre aux yeux, comme si l'intérêt du vendeur ou de l'ouvrier n'était pas de fournir des objets convenables, suivant le prix que l'acheteur veut y mettre, de même que l'intérêt de celui-ci, de n'acheter qu'en connaissance de cause. On peut dire qu'en cette matière l'intérêt est le guide le plus sûr.

Un autre motif invoqué par l'avocat du Roi pour le maintien des communautés est celui-ci : « Les communautés d'arts et métiers, disait-il, loin d'être nuisibles au commerce, en sont plutôt l'âme et le soutien, puisqu'elles nous assurent la préférence sur les fabriques étrangères, qui cherchent à les copier sans pouvoir les imiter ». Voilà une proposition tout à fait naïve : tout travail, en France, sort des corporations, et on en tire cette conclusion que le travail des corporations nous assure la préférence sur les fabriques étrangères. Mais qui pouvait dire que le travail de l'ouvrier libre ne produirait pas les mêmes effets? qui pouvait dire que les produits de ce travail n'égaleraient pas les produits du travail fait par les corporations? Ne pouvait-on pas espérer de voir surgir, de l'émulation entre les individus, une foule d'inventions toutes plus utiles les unes que les autres, et dont la découverte ferait autant d'honneur à la nation que les plus belles œuvres? Au reste, comme nous l'avons déjà dit, la pratique avait prouvé en partie que cette raison donnée pour le maintien des communautés ne valait absolument rien.

Cependant, en terminant, Antoine Séguier reconnaît que quelques abus se sont glissés dans les corporations ; il reconnaît aussi la nécessité d'en diminuer le nombre. Il est curieux de voir jusqu'où vont ses concessions : « Qu'est-il nécessaire, dit-il, que les bouquetières fassent un corps assujetti à des règlements? qu'est-il besoin de statuts pour vendre des fleurs et en former des bouquets? La liberté ne doit-elle pas être l'essence de cette profession? Où serait le mal quand on supprimerait les fruitières? » Enfin, pour donner un asile à la vertu, l'avocat du Roi pense qu'on pourrait admettre à la maîtrise les brodeuses, les marchandes de modes, les coiffeuses. Ainsi, tandis que les bouquetières et les fruitières n'ont pas besoin d'être protégées, les brodeuses et les coiffeuses doivent l'être !

Malgré cette résistance du Parlement, l'édit fut enregistré. Turgot se mit immédiatement à l'œuvre. Il la conduisait avec sagesse et fermeté, lorsque, le 12 mai de la même année, il recevait l'ordre de se retirer, et partait sans avoir vu le Roi. Louis XVI, qui avait résisté au parlement deux mois auparavant, n'avait pas été assez fort pour persister dans sa volonté pour le bien, et l'imposer aux intrigants.

L'œuvre de Turgot fut abandonnée quand il eut disparu. Au mois d'août, Louis XVI rendit une ordonnance formant de nouvelles corporations, en réunissant les métiers analogues, et en proclamant la liberté de certaines petites industries, suivant en cela les idées émises par Antoine Séguier. L'organisation de ces corporations fut plus libérale, et fit cesser pour quelques jours ces vieilles querelles de métiers commencées au XIIIe siècle, et qui ne finirent qu'à l'abolition complète des corporations.

Ces réformes introduites dans les corps de métiers étaient une transaction, un juste-milieu entre les idées économiques de Turgot et les vieilles routines chères aux Parlements et à tous les privilégiés. Quand on peut dire d'une institution qu'elle est un juste-milieu, on peut dire qu'elle est fatalement condamnée à l'impuissance. Ce nouveau régime mécontenta ceux qu'il dépouillait de leurs privilèges et ceux dont le métier était déclaré libre, sans que l'autorité fût assez forte pour protéger cette liberté contre les chicanes des corporations.

Au milieu de ces hésitations dans le choix des idées anciennes et des idées nouvelles se faisant jour de toute part, Louis XVI convoqua les Etats généraux, dont les cahiers furent unanimes pour réclamer la liberté des professions.

La réforme fut radicale. La liberté du travail, du commerce et de l'industrie fut formulée dans la déclaration des droits de l'homme et du citoyen, à la date du 3 novembre 1789. En 1791, la Commission des contributions publiques fut chargée d'étudier le nouveau régime qu'on voulait introduire. Son rapporteur, après avoir démontré les avantages de la liberté, s'exprimait ainsi : « D'après ces considérations, votre Comité a cru devoir vous proposer que tout homme serait libre d'exercer telle profession, tel commerce, tel métier, telle cumulation de métiers et de commerce qui lui paraîtront conformes à ses talents et utiles à ses affaires ; et, au lieu des capitaux considérables qu'il fallait débourser pour être admis dans une jurande qui ne donnait le droit de faire qu'un seul métier, qu'un seul commerce, et qui laissait le maître soumis à la perte entière de ce capital si son entreprise ne réussissait pas, de n'exiger d'aucun des aspirants que de se faire connaître à leur municipalité, et de payer une redevance annuelle proportionnée à l'étendue et au succès de leurs spéculations, augmentant, diminuant, cessant avec elles. »

Ces idées furent précisées dans un texte de loi proprement dit, qui forme l'article 7 du décret des 2-15 mars 1791, et qui est ainsi conçu : « A compter du 1er avril prochain, il sera libre à toute personne de faire tel négoce ou d'exercer telle profession, art ou métier *qu'elle trouvera bon ;* mais elle sera tenue de se pourvoir auparavant d'une patente ».

Ainsi finirent les monopoles, les règlements et les corporations, pour laisser à la liberté et à la science le soin d'accomplir les progrès qu'ils avaient retardés.

DEUXIÈME PARTIE.

—

DE LA LIBERTÉ

DU TRAVAIL, DU COMMERCE

ET DE L'INDUSTRIE

ET DE QUELQUES-UNES DE SES RESTRICTIONS.

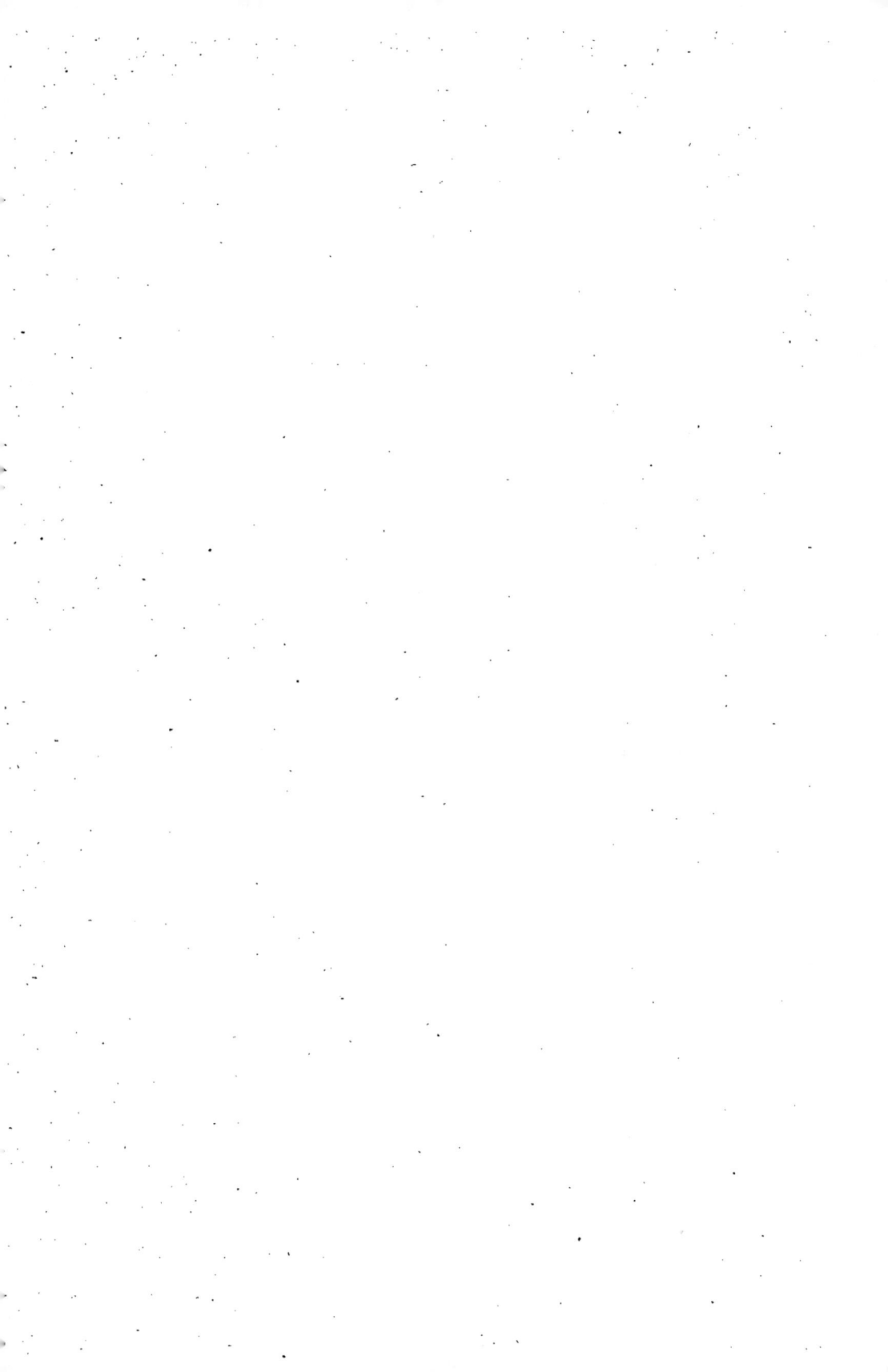

CHAPITRE Iᵉʳ.

Observations générales.

Nous avons constaté chez les Romains un grand mépris du travail manuel et une législation toute contraire à la liberté du travail et de l'industrie, du moins sous l'empire. Sous la féodalité et sous nos rois, ce mépris n'a pas été moindre, mais la législation n'a pas été aussi injuste à l'égard de l'ouvrier.

De nos jours, le législateur a sanctionné dans un article de loi la liberté du travail, du commerce et de l'industrie ; mais ce mépris a-t-il complètement disparu ? Hélas ! il faut répondre non ; et nous ne craignons pas de faire entendre cette réponse et de signaler ce vice de notre société, désireux que nous sommes de voir réhabiliter le travail dans l'esprit de tous.

Emettre une pareille opinion à notre âge peut paraître bien téméraire ; mais nous avons la bonne fortune, ou plutôt le regret, de la voir corroborée par les lignes suivantes dues à la plume d'un de nos professeurs, dont la science et la connaissance de notre société ne peuvent être mises en doute.

Dans une brochure publiée en 1873 (1), M. Arnault,

––––––––––

(1) *Le droit et l'économie politique ;* études sur les prétendues doctrines juridiques et économiques de la commune de Paris en 1871.

après avoir constaté le défaut de direction et de résistance dans les événements qui se sont passés en France en 1870 et 1871, ajoute : « Oui, il est grand temps que les classes qui ont en main l'instrument du loisir, la richesse, se réconcilient avec le travail, et deviennent les classes dirigeantes. Le jour où elles travailleront elles-mêmes, honorant leurs propres œuvres, elles honoreront aussi celles d'autrui, et elles désarmeront l'envie, ce ver rongeur des démocraties. Ce jour-là, tout travail sera respecté, parce que tout travail a son prix moral et son honneur dans une société qui n'admet pas d'esclaves. De la sorte disparaîtra l'une de nos plaies les plus profondes, ce mépris du travail salarié, ce rabaissement de l'homme qui vit de son intelligence ou de ses bras, funeste legs des Romains, que nous aurions dû répudier dès que le Christianisme a vaincu l'esclavage et réhabilité le travail, comme la loi, la rédemption, la peine et le bonheur de l'homme. »

Et plus loin : « Je sais bien que ce mépris du travail n'est point dans nos institutions, mais il est dans nos mœurs, personne ne peut le nier, et trop souvent dans notre langage ; chaque jour notamment, nous le voyons autour de nous dans l'acte de la vie civile qui est justement la pierre de touche de nos mœurs, dans le mariage ! Les hommes de bon sens ne sont-ils pas trop souvent stupéfaits d'apprendre que tel mariage dans les classes élevées n'a été conclu que sous la condition que le futur mari renoncerait à sa carrière et à toute occupation salariée ? etc. »

Voilà la vérité ! Dieu veuille qu'elle soit comprise, et que ces conseils soient suivis !

Nous avons déjà démontré l'injustice de l'esclavage, pourquoi il doit être repoussé au point de vue de l'économie politique, et quels furent ses conséquences à Rome.

Nous avons dit également pourquoi l'Etat doit laisser la plus grande liberté au travail, en s'ingérant le moins possible dans l'exercice de ce qui constitue pour l'homme une véritable propriété , le droit de travailler ; combien ce droit fut peu respecté par les empereurs romains, et quels résultats ils obtinrent.

Nous avons constaté, en étudiant les réformes de Turgot, tous les inconvénients qui naissaient de la règlementation du travail, du commerce et de l'industrie dans notre pays : impossibilité pour l'indigent de vivre de son travail, exclusion des femmes et des étrangers de l'exercice de certains métiers ; difficultés insurmontables pour les inventions ; frais immenses pour acquérir le droit de travailler ; procès interminables ; possibilité pour certains d'empêcher les autres de se livrer au travail.

Il nous reste maintenant à étudier : 1° tant au point de vue de l'individu qu'au point de vue économique, les conséquences favorables à déduire du droit qu'a tout Français, depuis le 3 novembre 1789, de travailler librement ; 2° les conditions d'exercice de ce droit, et, dans les chapitres suivants, 3° quelques-unes des restrictions apportées par notre législation à la liberté du travail, du commerce et de l'industrie.

1° *Conséquences.* — La première et la plus heureuse conséquence de la liberté est de permettre à tout individu de choisir la carrière qu'il lui plaît, de pratiquer telle profession , d'exercer tel art, d'exploiter tel métier qu'il juge convenable ; d'abandonner son commerce pour en entreprendre un autre , de gagner sa vie par tous les moyens honnêtes, et d'arriver à la fortune par le chemin qu'il veut suivre. Plus d'apprentissage forcé, plus de droits à payer à tel ou tel individu, à tel ou tel corps : riches et pauvres, tous peuvent puiser dans les trésors variés qu'offre le travail.

Cette possibilité pour tous sans distinction d'exercer leur droit de travailler assure à la société la manifestation de la résultante la plus élevée des forces, de l'activité des êtres qui la composent. Au point de vue économique, c'est là un bienfait, car, du moment où toutes les forces d'une nation concourent à la production , elle est assurée d'obtenir la plus grande somme de richesses qu'elle est susceptible d'acquérir par le travail.

Entré dans une carrière, l'individu peut subir une concurrence illimitée. Cette autre conséquence de la liberté, en notre matière, est comme le complément de celle dont nous venons de parler. En effet, si l'uniformité régnait dans chaque division du travail, elle constituerait une injustice, car il n'y aurait pas place pour le développement de toutes les facultés ; si l'un, par exemple, pouvait utiliser ses talents artistiques ou scientifiques, l'autre ne pourrait pas utiliser son intelligence des affaires.

Au point de vue du producteur, la libre concurrence n'est pas un bienfait, car les profits qu'ils pourraient faire, s'il était seul à produire ce qui fait l'objet de sa profession, ne sont pas compensés ordinairement par le bon marché que lui procure cette même concurrence dans les autres professions.

Mais, au point de vue de l'intérêt général, la libre concurrence est un bienfait, comme nous allons le dire plus loin.

De la libre concurrence naît forcément l'émulation, qui, dans les petites comme dans les grandes choses, excite au travail et réveille l'intelligence. Chacun ainsi est forcé de travailler pour ne pas être écrasé par ses voisins, et sous peine de se voir arracher le pain qui le fait vivre.

C'est pour la société une garantie que le travail sera toujours poussé avec la plus grande vigueur, et que, par conséquent, les produits seront non-seulement aussi nombreux que possible, mais encore qu'ils seront faits dans les meilleures conditions pour pouvoir lutter contre la concurrence étrangère et attirer dans le pays la richesse des autres pays.

La liberté du travail, du commerce et de l'industrie, est en outre une barrière qui empêche l'État de s'introduire dans les ateliers pour y imposer des règles particulières.

L'État ne peut donc pas substituer sa volonté aux lieu et place de la volonté du patron et des ouvriers. Il n'a pas le droit, par exemple, de fixer les heures de travail, de déterminer la forme, la composition de tel ou tel produit. Il n'a pas le droit d'empêcher un individu de fabriquer une machine ou un produit, ou d'imposer cette fabrication à un autre.

Chacun pourra modifier ses produits comme il l'entendra et même en créer de nouveaux, parce qu'il ne sera pas entravé dans son activité.

La libre concurrence et l'absence de règlements assurent au public qu'il paiera les produits à leur juste valeur. Elles permettent aussi d'abaisser ou d'élever les prix des produits, suivant les besoins et les circonstances, suivant que les matières premières augmentent ou diminuent, suivant que le travail de l'ouvrier est plus ou moins coûteux.

La libre concurrence force le plus souvent les producteurs à abaisser les prix, et empêche ce qu'on appelle vulgairement l'exploitation du public. L'absence de règlements permet à l'industrie de suivre les caprices de la mode et les progrès de la science, ce qui n'est pas à dédaigner pour elle.

A un autre point de vue, la possibilité d'élever ou d'abaisser les prix permet de rendre les produits accessibles à tous, soit qu'on paie au comptant, soit qu'on paie à terme. Cette possibilité du paiement à terme, si utile aux grandes comme aux petites bourses, n'existerait pas s'il n'était pas loisible aux commerçants d'élever leurs prix, car il est évident que la marchandise vendue à terme doit être traitée comme l'argent placé, qui produit intérêt. Donc de la libre concurrence et de l'absence de règlements naît le crédit, ce grand moteur du commerce.

Ainsi le travail, le commerce et l'industrie ont, en France, une vie qui leur est propre, une vie indépendante, qui leur permet de traverser nos troubles politiques sans être ébranlés. C'est grâce au développement acquis par notre commerce, dans sa liberté, que nous avons fait l'étonnement de toutes les nations, en leur montrant nos immenses ressources.

Au reste, pour s'assurer de la supériorité du régime de la liberté sur le régime qui existait en France avant 1789, on n'a qu'à consulter les statistiques de la production, où l'on verra que la production de notre pays est actuellement quatre fois plus élevée que la production du xviii⁰ siècle. C'est l'argument le plus fort qu'on puisse opposer aux adversaires de la liberté, s'il en existait encore.

Un argument qu'on se plaît à opposer au régime de la liberté est celui-ci : « Nous n'avons pas de nos jours, dit-on, d'aussi grands artistes qu'au xvi⁰ et au xvii⁰ siècles; ce qui prouve que, sous ce rapport, le régime de la réglementation est préférable au régime actuel ». Un tel argument ne signifie rien, car qui ne voit que le génie n'est pas le propre d'une civilisation ? L'homme naît avec son intelligence, et, comme le fait remarquer M. Levasseur, Homère chantait dans un siècle barbare. Mais, si respectables que soient les grands artistes, faut-il sacrifier bien des droits pour en favoriser l'éclosion ? Ne vaut-il pas mieux avoir une production assez abondante pour tous, qu'une production qui soit le monopole d'un petit nombre?

2° *Conditions d'exercice du droit de travailler.* — Ces conditions ont leur règle générale dans le décret des 2-17 mars 1791, dont l'article 7, on le sait, est ainsi conçu : « A compter du 1er avril prochain, il sera libre à toute personne de faire tel négoce et d'exercer telle profession, art ou métier qu'elle trouvera bon ; mais elle sera tenue de se pourvoir auparavant d'une patente, d'en acquitter le prix, suivant les taux déterminés, et de se conformer aux règlements de police qui sont ou pourront être faits ».

C'est par la porte ouverte dans le dernier membre de phrase de cet article que sont entrés dans notre législation une foule de règlements restrictifs de la liberté du travail, du commerce et de l'industrie. Sans doute, il était sage de permettre de poser des règles pour écarter les inconvénients naissants, pour le public, de la pratique de quelques professions ; mais nous verrons dans les chapitres suivants que le principe supérieur de l'intérêt général n'a pas été le seul guide de nos législateurs en cette matière, et que la manie de règlementer a été souvent plus forte que l'amour des principes.

Aussi les restrictions au principe de la liberté du travail, du commerce et de l'industrie, sont-elles encore fort nombreuses, ce qui ne nous permettra pas de toutes les étudier. Nous nous contenterons donc d'en étudier quelques-unes en commentant les lois qui les posent, en signalant leurs avantages ou leurs inconvénients, et en tâchant de donner les raisons qui les justifient, ou de montrer, quand elles nous paraîtront injustifiables, leurs vices ou leurs inconvénients.

CHAPITRE II.

Restrictions dans l'intérêt de la défense nationale.

Si vis pacem , para bellum. Ce dicton, déjà bien ancien,
paraît de plus en plus vrai à mesure que la civilisation
marche, et que les progrès de toute sorte qui inondent le
monde paraissent donner la prééminence à l'influence
matérielle sur l'influence morale. Aujourd'hui, plus que
jamais, on peut dire d'un État qu'il n'est pas assuré de
conserver la paix si son organisation militaire n'est pas
supérieure ou au moins égale à l'organisation de ses voisins ; et c'est pour avoir méconnu cette vérité, navrante
à constater, que nous avons subi les désastres que l'on
sait. Il est donc de toute nécessité pour un pays de se
tenir prêt à faire face à toutes les éventualités. L'intérêt
général est ici manifeste, et il justifie au plus haut point
les restrictions temporaires apportées à la liberté du travail, du commerce et de l'industrie par l'obligation au
service militaire.

Cette obligation au service militaire doit-elle être générale ou doit-elle être particulière, c'est-à-dire imposée
seulement à certaines catégories de citoyens ? La justice
veut que, au point de vue militaire, tout le monde, en
principe, soit mis sur le pied de l'égalité toutes les fois
que l'intérêt de la justice elle-même et l'intérêt de la
société n'auront pas à en souffrir.

7

« Tout Français, porte l'article 1er de la loi du 27 juillet 1872 (1), doit le service militaire personnel. » Voilà le principe de l'obligation au service militaire pour tous nettement posé en tête de notre loi. Voyons maintenant comment le législateur a su concilier ce principe d'égalité avec les différents intérêts qui luttaient contre lui.

Tout d'abord, la religion étant le principe vital d'une société, le législateur n'a pas voulu forcer ceux qui se destinent au sacerdoce à servir dans l'armée, et il a dispensé du service militaire, à titre conditionnel, les élèves ecclésiastiques désignés, à cet effet, par les évêques et les jeunes gens dont les études les destinent à se vouer au ministère dans les cultes salariés par l'Etat. (Art. 20, 7º.) Dans l'intérêt de la religion, nous aurions voulu voir cette dispense étendue à tous les ordres religieux, moyennant certaines conditions qu'on aurait pu parfaitement établir, sans crainte que la fraude vînt y déroger.

Lorsque fut édictée la loi qui nous occupe, on en était encore à rechercher les causes de nos désastres. Parmi ces causes, certains esprits plaçaient, pour ainsi dire, en première ligne le niveau peu élevé de nos études. Nous avons été vaincus, disait-on, parce qu'en France on ne sait rien. Trop préoccupé, selon nous, de cette idée (car il ne faut voir la cause de nos désastres que dans l'imprévoyance du gouvernement d'alors et sa faiblesse vis-à-vis de l'opposition), le législateur de 1872 a dispensé généralement du service tous ceux qui se destinent à l'enseignement (art. 20, 1º, 2º, 5º, 6º).

---

(1) Loi sur le recrutement de l'armée.

Le 3° de notre article 20 dispense également du service militaire les artistes qui ont remporté les grands prix de l'Institut, à condition qu'ils passeront à l'école de Rome les années règlementaires, et rempliront toutes leurs obligations envers l'État.

L'article 16 exempte du service militaire les jeunes gens que leurs infirmités rendent impropres à tout service actif ou auxiliaire dans l'armée. L'exemption dont il est parlé dans cet article diffère de la dispense de l'article 20 en ce qu'elle libère pour toujours, tandis que la dispense laisse sous le coup de la loi les individus qui en sont favorisés, jusqu'à ce qu'ils aient entièrement rempli les conditions à eux imposées. Ces deux catégories peuvent seules être considérées comme ne devant jamais faire partie de l'armée.

Les dispenses dont nous allons nous occuper maintenant ne sont relatives qu'au service d'activité : elles laissent ceux qui en sont l'objet dans la possibilité d'être réunis pour certains exercices (art. 25), d'être soumis aux obligations de leurs classes, quand les causes qui y avaient donné lieu viennent à cesser (art. 25), et enfin d'être appelés, en cas de guerre, comme les hommes de leur classe (art. 26). L'autorité militaire en dispose alors selon les besoins des différents services (art. 26, § 2).

Les jeunes gens auxquels s'appliquent ces dispenses sont :

(Art. 17.) 1° L'aîné d'orphelins de père et de mère. Cette dispense est trop générale, car il peut fort bien arriver qu'un frère aîné ne soit d'aucune utilité à ses frères plus jeunes que lui, si, par exemple, ceux-ci ont atteint un âge qui leur permette de gérer eux-mêmes leur patrimoine s'ils ont de la fortune, ou de gagner leur vie facilement. On aurait dû, à notre sens, établir la même règle pour les aînés d'orphelins, que celle que pose l'article 22 pour les soutiens de famille, ou mieux, les comprendre simplement dans cette catégorie.

2° Le fils unique ou l'aîné des fils, ou, à défaut de fils ou de gendre, le petit fils unique ou l'aîné des petits-fils d'une femme actuellement veuve ou d'une femme dont le mari a été légalement déclaré absent, ou d'un père aveugle ou entré dans sa soixante-dixième année. Dans le cas du 1° et du 2°, si le frère aîné est aveugle ou impotent, c'est le frère puîné qui jouit de la dispense.

3° Le plus âgé des deux frères appelés à faire partie du même tirage, si le plus jeune est reconnu propre au service. C'est là une espèce de droit d'aînesse qu'a créé le législateur, droit qui n'est justifié, au point de vue de l'individu, que par un fait accidentel, la naissance.

4° Celui dont un frère sera dans l'armée active. On ne peut voir, dans les dispenses prévues par ces deux §, que le désir de favoriser les nombreuses familles ; car, après tout, si au lieu d'enlever un seul enfant aux familles qui en ont deux, on les leur enlevait tous les deux, elles se trouveraient dans la même position que celles qui n'en ont qu'un.

5° Celui dont un frère sera mort en activité de service, ou aura été réformé ou admis à la retraite pour blessures reçues dans un service commandé ou pour infirmités contractées dans les armées de terre ou de mer. C'est là un adoucissement accordé au malheur d'une famille qui peut encore être appelée un jour à faire à la patrie le sacrifice de ses autres enfants.

6° (Art. 22.) Les soutiens de familles dans une proportion de 4 p. °/₀ du nombre des jeunes gens reconnus propres au service et compris dans la première partie des listes du recrutement cantonal. Ces jeunes gens doivent remplir effectivement les devoirs des soutiens de famille. On a voulu obvier, par cette restriction, à l'admission des soutiens de famille dans la participation à la dispense du service actif; on a voulu obvier, disons-nous, aux abus qu'avait fait naître, dans la législation précédente, la sollicitude des maires pour leurs administrés; mais, tout en voulant bien faire, on a créé une injustice, car il peut fort bien arriver que tous les jeunes gens qu'on présente dans une commune comme soutiens de famille soient dans une position identique vis-à-vis de leur famille respective.

7° (Art. 23.) Les jeunes gens qui ont obtenu des sursis d'appel. Le sursis d'appel n'est accordé que pour un an, et peut être néanmoins renouvelé pour une seconde année. Pour ces jeunes gens, il faut ajouter aux obligations auxquelles les soumettent les articles 25 et 26 la nécessité où ils se trouvent, à l'expiration de leur sursis, de satisfaire à toutes les obligations que leur imposait la loi à raison de leur numéro.

D'après ce que nous venons de dire des exemptions, des dispenses et des sursis d'appel, on peut voir jusqu'à quel point est vrai le principe posé dans l'article 1er de notre loi.

Déduction faite des exemptés pour cause d'infirmités ou défaut de taille (art. 18), des dispensés de toutes les catégories et des morts, ce sont 150,000 hommes qui sont appelés chaque année sous les drapeaux. Or, le service actif devant durer cinq ans, comme nous le verrons, l'armée que la France aurait à entretenir sous les drapeaux, y compris la partie permanente, 120,000 hommes environ, aurait un effectif de 850,000 hommes. Mais les ressources budgétaires n'auraient jamais permis de couvrir toutes les dépenses occasionnées par ce nombreux effectif, et c'est pour ce motif qu'a été édicté l'article 40, qui est ainsi conçu : « Après une année de service des jeunes soldats...., ne sont plus maintenus sous les drapeaux que les hommes dont le chiffre est fixé chaque année par le Ministre de la guerre. Ils sont pris, par ordre de numéros, sur la première partie de la liste du recrutement de chaque canton et dans la proportion déterminée par la décision du Ministre. Cette décision est rendue aussitôt après que toutes les opérations du recrutement sont terminées. » Disons, en passant, que c'est là un des deux cas pour lesquels apparaît l'utilité du tirage au sort, dont il est parlé dans les articles 13, 14 et 15. Le second cas se présente lorsque, le contingent de l'armée de mer fourni par l'inscription maritime n'étant pas complété par les engagements, les rengagements ou les demandes d'incorporation dans la marine faites aux conseils de révision, il est nécessaire de recourir aux premiers numéros sortis au tirage au sort. Ce tirage au sort a lieu dans les chefs-lieux de canton, en présence du Sous-Préfet et des Maires, après qu'ils ont examiné les tableaux de recensement dressés par les Maires (art. 8), entendu les observations des jeunes gens, de leurs parents ou ayants-cause, rectifié ces tableaux, s'il y a eu lieu, et définitivement arrêté cesdits tableaux.

De l'effectif de l'armée active en temps de paix il faut encore retrancher le nombre des engagés volontaires d'un an. Le volontariat d'un an a été introduit dans la loi comme remède aux dangers que le principe du service personnel obligatoire ferait courir aux travaux de l'intelligence (art. 53), et à ceux de l'agriculture, du commerce et de l'industrie (art. 54).

Les engagements volontaires d'un an font l'objet de la

section III du titre IV de notre loi. Ils sont contractés au chef-lieu du département, devant l'officier de l'état civil (art. 9, déc. régl. du 1er décembre 1872). Avant d'être admis à contracter l'engagement, le jeune homme qui veut profiter de la faveur de la loi doit verser la somme de 1,500 fr., ou toute autre somme fixée par le Ministre de la guerre, conformément à l'article 55 de la loi de 1872. Cette obligation est la seule qui soit commune à tous ceux qui veulent contracter un engagement, pourvu qu'ils remplissent les conditions énumérées dans l'article 1er du décret du 1er décembre 1872.

Passons maintenant aux obligations particulières à chaque catégorie. La première catégorie comprend les jeunes gens qui se trouvent dans les cas prévus par l'article 53 de notre loi. Ces jeunes gens doivent justifier leur position au moyen des certificats que doivent leur délivrer (art. 2 du décret précité) le recteur de l'Académie, lorsqu'ils ont obtenu des diplômes de bacheliers ès-lettres, ès-sciences, de fin d'études ou des brevets de capacité; les directeurs des écoles centrales des arts et manufactures et des écoles nationales des beaux-arts, les directeurs des écoles nationales des arts et métiers, lorsqu'ils en font partie ou qu'ils ont obtenu, à leur sortie, le certificat règlementaire; les directeurs du Conservatoire de musique ou de ses succursales, s'ils en font partie, ou ont obtenu des récompenses, etc.

Quant aux jeunes gens dont il est question dans l'article 54, §§ 1, 2 et 3, et qui forment la seconde catégorie, ils doivent, avant d'être admis à contracter leur engagement, satisfaire à un des examens exigés par cet article et dont le programme a été approuvé par le règlement d'administration publique du 31 octobre 1872.

Une faveur toute spéciale leur est accordée par le § 2 de l'article 55 de la loi. Le Ministre de la guerre peut les dispenser, en tout ou en partie, de l'obligation de verser une certaine somme, lorsqu'ils ont, dans leur examen, donné des preuves de capacité, et qu'ils justifient être dans l'impossibilité de subvenir aux frais résultant de cette obligation. Il est évident que ces mots « donné des preuves de capacité dans leur examen » excluent de cette faveur tous ceux qui ne l'ont pas subi. Pour jouir de la faveur dont nous parlons, il faudrait donc que les jeunes gens dont il est parlé à l'article 53 subissent cet examen.

La différence capitale qui existe entre les deux catégories de jeunes gens c'est que ceux qui font partie de la première sont tous admis à contracter l'engagement volontaire d'un an, tandis que les jeunes gens de la seconde catégorie n'y sont admis que proportionnellement au nombre fixé par le Ministre de la guerre, et proportionnellement aussi au nombre des jeunes gens inscrits sur les tableaux de recensement de l'année précédente (art. 54, § 3).

Après avoir contracté son engagement, comme nous l'avons dit, devant l'officier de l'état civil, le volontaire est incorporé (art. 56). Toutefois l'incorporation peut être retardée jusqu'à l'âge de vingt-quatre ans accomplis pour les jeunes gens qui, mentionnés dans l'article 53, n'auraient pas terminé les études de la faculté ou des écoles auxquelles ils appartiennent, mais qui voudraient les achever dans un laps de temps déterminé. La demande de sursis doit être faite dans l'année qui précède l'appel de leur classe, et adressée à l'autorité militaire (art. 57.)

Incorporé, l'engagé volontaire est soumis à toutes les obligations du service imposées aux hommes présents sous les drapeaux. Si, après un an de service, il ne satisfait pas aux examens prescrits par le Ministre de la guerre, il est obligé de rester une seconde année au service. Après cette seconde année, s'il ne satisfait pas encore aux examens, il est déchu, par décision du Ministre de la guerre, de tous les avantages réservés aux volontaires d'un an, et soumis aux mêmes obligations que les hommes de sa classe qui doivent passer cinq ans sous les drapeaux. Il en est de même pour le volontaire qui a commis des fautes graves contre la discipline (art. 56).

Lorsque l'engagé volontaire a satisfait aux examens, il peut obtenir un brevet de sous-officier ou une commission équivalente (art. 58).

Le volontariat d'un an est une institution vue avec défaveur par l'armée, et on est généralement d'accord pour souhaiter son abolition, surtout depuis qu'on a pu en constater les résultats et les abus.

Le remplacement est supprimé, porte l'article 4 de notre loi. Or on peut dire que le volontariat d'un an n'est pas autre chose que le moyen d'éluder cet article 4. En effet, que se passait-il sous les lois antérieures? Ou bien celui qui voulait se faire remplacer achetait un homme, comme on disait alors, ou bien versait une certaine somme à la caisse de la dotation de l'armée. Aujourd'hui que fait-il? Il verse une somme (1,500 fr.) dans la caisse de l'État, et va passer une année, il est vrai, sous les drapeaux, moyennant quoi il est libéré du service actif en temps de paix, quitte à être rappelé sous les drapeaux en temps de guerre. En fixant la somme à 1,500 fr., le Ministre de la guerre s'est conformé au § 1er de l'article 55, qui nous dit que le volontaire d'un an est habillé, monté, équipé et entretenu à ses frais. Il a fixé au maximum de la dépense occasionnée

à l'État par la présence d'un homme au corps la somme
à verser, et il ne pouvait faire autrement. Mais, cette
somme étant bien inférieure à celle que celui qui voulait
se faire remplacer ou exonérer était obligé de débourser,
il s'ensuit qu'un nombre beaucoup plus grand de jeunes
gens qu'autrefois peuvent aujourd'hui éluder en partie
les lourdes charges du service militaire. C'est, si l'on veut,
un pas de plus fait vers l'égalité dont nous parlions en
commençant, puisque le volontariat est accessible à un
plus grand nombre de bourses que le remplacement, mais
ce n'est pas autre chose.

Il ne suffit pas, peut-on nous objecter, de pouvoir disposer de 1,500 fr. pour être admis à contracter l'engagement conditionnel d'un an : il faut encore être bachelier,
ou faire partie d'une des écoles mentionnées dans l'article 53, ou bien subir des examens professionnels ; l'intelligence a aussi sa part dans les faveurs du législateur.

Nous répondrons que les faveurs du législateur sont mal
distribuées, car tel qui a obtenu son diplôme de bachelier
ne l'utilisera jamais ; et ce sera précisément celui à qui sa
fortune permettra, qu'on me passe l'expression, de vivre
sans rien faire, et à qui cinq ans passés sous les drapeaux
n'auraient porté aucun tort. Quant aux examens, ils sont
une véritable duperie, car la pratique a démontré que des
jeunes gens qui savaient à peine lire et écrire ont pu obtenir des notes suffisantes pour contracter leur engagement. De plus, si l'on jette les yeux sur le programme de
ces examens, on reconnaîtra bien vite qu'il est impossible
de former des commissions dont les membres soient capa-
bles d'interroger tous les candidats et de juger leurs connaissances. Qu'on en juge par la partie du programme
relative à l'industrie : « Caractères et propriétés des ma-

tières premières ou matériaux, leur extraction, leur préparation, leur transformation ou leur emploi. Moteurs,
machines, instruments et outils dont le candidat fait habi-
tuellement usage, procédés au moyen desquels il obtient
les produits de son industrie spéciale. Nature de ces produits. » Qu'exige-t-on de l'examinateur chargé d'interroger sur l'industrie? Qu'il connaisse à fond et dans leurs
moindres détails toutes les industries, sans quoi le jugement qu'il portera sur tel ou tel candidat n'aura aucune
signification. Et qu'on ne dise pas que la faute en est au
rédacteur du programme, car il est rédigé et conçu dans
l'esprit de la loi, et selon les vues du législateur.

La conclusion qu'on peut tirer de tout ceci c'est que
quiconque peut disposer de 1,500 fr. a la faculté de contracter un engagement volontaire d'un an. Nous avions
donc raison de dire que le volontariat d'un an n'est pas
autre chose qu'un remplacement déguisé ; ajoutons que le
législateur a manqué un des buts qu'il voulait atteindre,
puisqu'il l'a dépassé, et dépassé d'une manière fâcheuse :
ce but, nous l'avons dit, était de porter remède aux dangers que couraient, par suite du service personnel obligatoire, les œuvres de l'intelligence, l'agriculture, le commerce et l'industrie.

Le second but que se proposait le législateur était de
donner de bons sous-officiers à l'armée. Ses espérances
ont été trompées, car le nombre des volontaires d'un an
jugés dignes de porter les galons est très-petit, et encore
plus petit est le nombre de ceux qui, après les avoir
obtenus, restent dans l'armée. Sous ce rapport, le volontariat d'un an, au lieu de profiter aux cadres, leur a été
nuisible, en ce sens qu'il les a privés des jeunes gens les
plus intelligents des différents contingents, qui, s'ils

s'étaient vus forcés de rester sous les drapeaux, auraient fait d'excellents sous-officiers.

Il serait donc à désirer que l'institution du volontariat d'un an disparût de notre législation militaire.

Pour compléter l'énumération des divers éléments qui sont appelés à former l'armée active, il faut y ajouter :

1° Les engagés volontaires qui contractent un engagement pour cinq ans (art. 47, L. 27 juillet 1872). Peuvent être reçus à contracter l'engagement volontaire (D. 30 novembre 1872) l'homme exempté par le conseil de révision pour inaptitude au service, s'il réunit plus tard les conditions d'aptitude prescrites par le décret, et l'homme réformé du service, si les causes qui ont motivé sa réforme ont cessé d'exister. Aux termes de l'article 9 du même décret, les jeunes gens continueront à être admis à contracter l'engagement volontaire, même après le tirage au sort de leur classe, mais seulement jusqu'à la veille du jour où le conseil de révision examine les jeunes gens du canton auquel appartient l'engagé, et non, comme précédemment, jusqu'à la veille du jour de la clôture du contingent cantonnal : passé cette époque, les jeunes gens ne peuvent plus demander à devancer la mise en activité.

2° Les jeunes gens qui veulent passer sous les drapeaux le temps qu'ils avaient à passer dans la disponibilité. Il résulte de l'article 18 du décret du 30 novembre 1872 que peuvent seuls être admis à contracter cet engagement les militaires qui se trouvent dans les situations suivantes : ceux qui accomplissent le temps de service prescrit par les articles 40 et 41 de la loi du 27 juillet 1872, lorsqu'ils comptent au moins trois mois de présence dans l'armée active ; les engagés conditionnels d'un an présents au corps, les militaires en disponibilité, conformément à l'article 42 ou aux dispositions finales de l'article 17 de la loi, et qui ont encore au moins une année de service actif à faire, et ceux envoyés dans leurs foyers après le temps de service exigé des engagés conditionnels d'un an.

3° Les engagés pour la durée d'une guerre : « En cas de guerre, dit le § 3 de l'article 47 de notre loi, tout Français qui a accompli le temps de service prescrit pour l'armée active et la réserve de ladite armée est admis à contracter, dans l'armée active, un engagement pour la durée de la guerre. Cet engagement ne donne pas lieu aux dispenses prévues par le § 4 de l'article 17 de la présente loi. »

Tels sont les différents éléments qui composent l'armée active, et qui sont mis à la disposition du Ministre de la guerre. Après avoir passé cinq ans dans cette armée, soit dans la partie permanente, soit dans la disponibilité, les hommes qui en font partie passent dans la réserve de l'armée active, où ils restent jusqu'à l'âge de vingt-neuf ans accomplis ; ils sont ensuite incorporés dans les régiments de l'armée territoriale dans la région où ils sont domiciliés ; lorsqu'ils ont trente-quatre ans accomplis, ils font partie de la réserve de cette armée jusqu'à quarante ans. C'est donc pendant vingt ans que tout Français lié au service militaire doit ses services à la France, et peut être appelé à verser son sang pour elle.

Nous avons omis, à dessein, de parler de la composition, du fonctionnement et de la mission des conseils de révision, dont s'occupe notre loi dans la troisième section de son titre II. Ce titre contient des détails administratifs, qui assurent les familles et l'Etat contre la fraude, mais qui ne changent en rien la position des individus au point de vue du service militaire, et qui ne sont d'aucune utilité pour démontrer les charges que fait peser sur les

citoyens la défense nationale, par le service personnel.
Ces charges sont encore aggravées par la disposition du
§ 3 de l'article 43 de notre loi, qui est ainsi conçu : « Les
hommes de la réserve de l'armée active sont assujettis,
pendant le temps de service de ladite armée, à prendre
part à deux manœuvres ». Ces manœuvres peuvent durer
chacune quatre semaines. C'est donc pendant à peu près
deux mois de l'année que ces hommes peuvent être
appelés à quitter leurs affaires.

Quoique la loi du 27 juillet 1872 impose des sacrifices
immenses, elle est cependant la meilleure loi qui ait été
encore faite dans notre pays sur la matière, puisqu'elle
lui assure une armée formidable en temps de guerre.
Qu'on en juge par le passage suivant du rapport de
M. le général Charreton, second rapporteur de la loi :

« La loi du 27 juillet, porte ce rapport, met à la disposition du pays les ressources suivantes, calculées sur
un contingent annuel de 150,000 hommes, et déduction
faite des pertes, évaluées à 4 % la 1re année, à 3 % la
2e année, et à 2 % pour les autres.

FORCES ACTIVES.

» Armée active (cinq classes)	704,714
» Réserve de l'armée active (quatre classes)	510,294
» Dispensés rappelables	141,412
» Partie permanente de l'armée	120,000
» Total des forces actives	1,476,420

ARMÉE TERRITORIALE.

» Les cinq classes organisées de l'armée ter-
    ritoriale.............................   582,523
» Réserves de l'armée territoriale non organi-
    sées (six classes)......................   625,633

       » Total de l'armée territoriale..... . 1,208,156

    » Il ne faudrait pas croire, cependant, que toutes les forces actives puissent, en temps de guerre, être opposées à l'agression. Sur le chiffre de ces forces, il faut déduire : 1° la dernière classe appelée, dont l'instruction n'est pas faite, soit 150,000 hommes ; 2° les dispensés rappelables, soit 141,412 ; total : 291,412 qui n'ont encore aucune instruction, et qui, par conséquent, ne pourraient être incorporés dans les corps sans affaiblir leur constitution. Il faudra encore retrancher les non-valeurs organiques et le déficit permanent des corps. Nous pourrons donc disposer, pour l'organisation de l'armée de campagne, d'un effectif réel de 1,090,000 hommes, après avoir pourvu à tous les services de l'intérieur, avec 291,412 hommes à l'instruction dans les dépôts, s'appuyant sur une armée territoriale organisée de 582,000 hommes, ayant elle-même une réserve de recrutement de 625,000 hommes. »

CHAPITRE III.

Restrictions dans l'intérêt de la santé des travailleurs et de l'hygiène publique.

§ 1ᵉʳ.

Restrictions dans l'intérêt de la santé des travailleurs.

Les restrictions à la liberté du travail, du commerce et de l'industrie, dont nous avons à nous occuper dans ce paragraphe, se rattachent à la limitation des heures de travail des ouvriers et à la règlementation du travail des enfants dans les manufactures.

Les travailleurs manuels sont les plus nombreux dans la société ; mais il n'y a pas là une raison suffisante pour justifier l'intervention du législateur entre le patron et l'ouvrier, même pour adoucir le labeur de ce dernier, car toutes les obligations imposées dans ce sens au patron viennent forcément se heurter sans cesse contre la liberté, sans avoir de justes raisons de l'entraver. Aussi le législateur n'a pu poser de règles efficaces dans cette matière que quand il s'est agi de protéger de jeunes enfants ne jouissant pas encore de toute leur raison et de toute leur liberté. Mais, quand il a voulu régler le travail des ouvriers en général, comme il l'a fait dans les deux décrets que nous allons analyser, il est allé, sans motif plausible, à l'encontre de la libre volonté qui veut s'engager sans nuire à l'intérêt et à l'ordre publics.

Le premier de ces décrets est à la date du 9 septembre 1848. La date prouve qu'il a été rendu à une époque où le mot de liberté était dans toutes les bouches, et il pourrait servir à démontrer que la liberté n'était pas dans les faits. Quoi qu'il en soit, l'article 1er de ce décret décide que, dans les manufactures et usines, la journée de l'ouvrier ne pourra excéder douze heures de travail effectif. Deux exceptions peuvent être apportées à cette règle par des réglements d'administration publique.

Ces exceptions ont été déterminées par un second décret, qui porte la date du 17 mai 1851.

L'article 1er de ce décret fixe les exceptions à la limite des heures de travail déterminée par le décret précédent, à raison de la nature des industries, pour les ouvriers attachés à la surveillance des fourneaux, pour les chauffeurs des machines à vapeur, etc.

Son second article énumère les exceptions à cette limite, à raison des cas de force majeure ; mais, dans cet article, les exceptions sont des plus compréhensives , car, après avoir énuméré quelques cas de force majeure, il se termine par ces mots : « ..... ou tout autre cas de force majeure » ; d'où il pourrait surgir dans la pratique des contestations sans nombre pour savoir si tel ou tel cas rentre dans cette catégorie.

Dans ces deux articles, le législateur ne fixe pas la durée du travail au-delà des douze heures; dans le troisième, cette durée est fixée. Pourquoi cette latitude accordée dans les deux premiers cas? Pourquoi cette latitude n'a-t-elle pas été laissée aussi dans le troisième? On ne voit pas de raison plausible de cette différence, de cette faveur, de

8

cette liberté laissée aux uns, retirée aux autres. Tant il est vrai que, lorsque le législateur veut se mêler à l'organisation intime de l'industrie, il commet forcément des injustices !

La sanction de ces deux décrets se trouve dans l'article 4 du décret du 9 septembre 1848 : c'est une amende de cinq francs à cent francs. Le condamné pourra jouir du bénéfice de l'article 463 du Code pénal.

Le bon sens et l'intérêt de l'industrie ont été heureusement plus forts que la loi, de sorte que ces textes ne sont jamais appliqués. Mais il est regrettable de les trouver dans notre législation. S'ils font honneur aux idées d'humanité du législateur, ils prouvent peu en faveur de ses idées économiques. En les lisant, on se croirait revenu au plus beau temps des corporations.

Au reste, il est reconnu de nos jours, et les économistes sont généralement d'accord sur ce point, qu'un ouvrier travaillant pendant dix heures par jour seulement fera autant de travail qu'un autre ouvrier travaillant pendant onze ou douze heures. Il est certain que l'activité humaine a des limites : ces limites dépassées, l'homme ne peut fournir que le produit de sa lassitude, c'est-à-dire des œuvres lentement et souvent mal exécutées.

Nous devons faire des vœux pour que le patron laisse à l'ouvrier, d'accord avec lui, le temps de réparer ses forces et de vivre un peu dans le sein de sa famille. Lorsque l'ouvrier se sera reposé le soir au milieu des siens, et qu'il aura eu le temps de voir et de connaître par lui-même leurs besoins, le lendemain il reprendra sa tâche avec plus d'ardeur et de courage. Mais, on ne pourra jamais assez le répéter, le législateur n'a rien à voir en ces matières :

tout ici doit émaner du consentement des parties intéressées.

Dans un but analogue, il avait été admis, dans une de nos contrées malheureusement arrachées à la patrie, il avait été admis, disons-nous, en Alsace, par un groupe considérable de grands industriels, que les femmes ne travailleraient que la moitié de la journée du samedi. Ainsi les femmes avaient le temps de s'occuper un peu de leur intérieur, et de préparer les habits du dimanche. C'était là une mesure excellente, dont la généralisation en France est bien à désirer, car beaucoup d'ouvriers n'accomplissent pas le dimanche leurs devoirs religieux, parce qu'ils ne veulent pas se présenter dans le saint lieu avec une tenue qui semblerait dénoter le désordre dans leur intérieur.

C'est pour ce motif aussi que nous voudrions voir plus souvent appliquée la loi du 18 décembre 1814, qui interdit de travailler le dimanche et les jours fériés. Ici l'intérêt de la société domine le principe de la liberté, et c'est pourquoi la dérogation de cette loi à ce principe est parfaitement justifiée. Donner le temps à l'ouvrier de fréquenter les églises c'est travailler à sa moralisation ; rendre l'ouvrier moral et religieux c'est arrêter les mouvements anti-sociaux. Il ne suffit pas d'instruire l'homme, comme quelques-uns l'ont dit dans ces derniers temps : il faut élever son âme.

M. Arnault a très-bien fait ressortir cette vérité dans le passage suivant de la brochure déjà citée : « Nous savons aujourd'hui, dit-il, ce que vaut l'instruction, le culte de l'intelligence, lorsqu'il est séparé de l'élévation de l'âme, lorsque ces deux forces ne concourent pas pour contenir nos passions, et nous maintenir dans le juste. La bête instruite est cent fois plus dangereuse que la bête ignorante, et le sauvage civilisé, armé du révolver, du pétrole et autres engins volés par lui à la civilisation et retournés contre elle, nous a fait regretter le sauvage inculte avec ses flèches grossières. Nous savons aussi ce que vaut ce sophisme que tout enfant qui a appris à lire et à écrire est, par cela seul, élevé, ravi aux mauvais instincts, aux dangereuses erreurs, à la sujétion des passions, et enrôlé dans l'armée, des honnêtes gens. Il a été armé, voilà tout, armé pour le bien comme pour le mal, prêt à devenir meilleur, si l'éducation, bien dirigée, le complète et lui fait l'âme haute; pire, si elle va de travers et lui fait l'âme basse. »

Si les décrets dont nous venons de nous occuper sont contraires à toute idée économique, il n'en est pas de même de la loi du 22 mars 1841, relative au travail des enfants. Cette loi est des plus raisonnables, vu la faiblesse des ouvriers dont elle règlemente le travail.

Les jeunes enfants, en effet, sont trop souvent dans les ateliers, et principalement dans les ateliers nombreux, les souffre-douleur de tous ceux qu'ils sont obligés de servir. La responsabilité des mauvais traitements qu'ils ont à subir et de l'exagération de leur travail incombe aux patrons; mais une autre responsabilité incombe aux parents eux-mêmes; car, il faut le dire, quoique avec regret, trop portés à considérer leurs enfants comme des êtres destinés uniquement à soutenir les charges de la famille, il leur tarde de les voir embauchés dans un atelier. C'est donc un devoir pour le législateur de protéger des êtres que nul ne protége, et qui ne peuvent se protéger eux-mêmes.

Ce n'est pas seulement à cause de la protection qu'elle accorde aux enfants que cette loi est raisonnable et nécessaire : c'est aussi parce que l'intérêt de la nation s'y trouve en jeu. Le nombre des soldats ne suffit pas dans une armée : il faut aussi qu'ils puissent supporter de graves et de nombreuses fatigues. Or, c'est évident, un enfant épuisé par les travaux exagérés du jeune âge n'acquerra jamais la même force physique qu'il acquerrait si ces travaux étaient proportionnés à la faiblesse de son âge. C'est ce qui faisait dire à M. Rossi : « Le but de la société n'est pas seulement la richesse : pour avoir des ouvriers de onze ans, on aurait de mauvais soldats de vingt ans ».

Ces deux considérations suffisent pour justifier la loi de 1841 du reproche qu'on pourrait lui adresser d'avoir voulu entraver la liberté du travail.

Avant d'entrer dans son étude, qu'il nous soit permis, avec M. Rozy, notre honoré maître, de lui adresser une critique, critique qu'elle ne mériterait pas si tous les pères de famille étaient réellement dignes de ce nom. Cette loi du 22 mars 1841 ne pose de restrictions au travail des enfants que quand il s'agit d'une usine ou d'un atelier occupant au moins vingt ouvriers. Le législateur n'a pas voulu introduire la loi dans l'atelier de famille. C'est une faute, car le père, poussé par l'intérêt, et non par l'amour paternel, peut exercer sur son enfant une puissance peut-être aussi désastreuse que la puissance du patron. Cette influence sera, à coup sûr, plus démoralisatrice, parce qu'elle conduira l'enfant à considérer son père comme un tyran, et par suite à le détester au lieu de l'aimer.

La loi du 22 mars 1841 contient des dispositions de deux ordres différents. Les articles 1, 2 et 3 s'occupent de la santé physique des enfants, et les articles 4 et 5 de leur santé morale. L'article 4 principalement donne à cette loi, il faut le reconnaître, une véritable supériorité sur les autres lois de notre pays, qui, en général, s'occupent du côté matériel des choses, du côté moral quelquefois, et rarement du côté religieux.

Depuis notre loi, les enfants ne peuvent être employés légalement dans les usines et ateliers à moteur mécanique ou à feu continu, dans toute fabrique occupant plus de vingt ouvriers réunis en atelier, que s'ils sont âgés de huit ans.

De huit à douze ans, les enfants ne peuvent être astreints qu'à huit heures de travail sur vingt-quatre, divisées par un repos ; de douze à seize, à douze heures, également divisées par des repos. Ces heures de travail doivent être placées entre cinq heures du matin et neuf heures du soir. Le travail de nuit est interdit pour les enfants au-dessous de treize ans.

Tout en applaudissant à ces dispositions, véritable progrès sur l'état de choses antérieur, nous ne pouvons nous empêcher de désirer la révision de cette première partie de notre loi, parce que le législateur semble avoir été beaucoup trop timide dans la voie des réformes, et surtout ne s'être pas assez inspiré de la science physiologique. Incompétent pour démontrer scientifiquement ce que nous avançons, nous plaçons ici quelques lignes dues à la plume du docteur Louis Bleynie, où l'on verra ce que doit être le travail des enfants, et dans quelles conditions il doit s'effectuer pour ne pas nuire à leur développement :

« Nous pensons, dit-il, qu'avant l'établissement complet de la puberté tout travail doit être un exercice, et non une fatigue ; car l'enfant, pendant sa période de développement, qui du reste est loin d'être terminée à l'âge de la puberté, est un organisme qui est presque fatalement destiné à conserver les déviations qui lui auraient été imprimées par un travail mal dirigé.

» Si on lui demande un travail purement manuel, les membres supérieurs se développeront aux dépens des inférieurs. Si ce travail nécessite des efforts répétés, il nuira au travail de développement des poumons, par suite de l'immobilisation trop souvent répétée du thorax.

» Si l'on demande à l'enfant un travail des membres inférieurs, comme cela a lieu dans certaines industries, ils se développeront au préjudice des membres supérieurs, et même de toute la partie supérieure du corps, suivant en ceci la loi générale, qui veut que tout organe qui travaille se développe aux dépens des organes voisins et souvent de l'organisme tout entier.

» Donc, si on demande un travail à un enfant, il faut faire en sorte qu'il ne soit pas produit toujours par la même partie du corps.

» Mais de toutes les parties du corps celle qui est la plus sensible c'est la colonne vertébrale, axe de sustentation et pilier sur lequel viennent prendre leur point d'appui toutes les autres parties : aussi doit-on éviter avec soin tout travail qui empêcherait ou gênerait le développement de cette partie du squelette. Tout travail qui consisterait à faire porter des fardeaux aux enfants doit être absolument interdit, surtout à l'époque de l'établissement de la puberté, époque à laquelle la colonne vertébrale prend un développement considérable et rapide.

» Ainsi donc avant l'établissement de la puberté on ne doit demander à l'enfant aucun travail de force.

» Une autre question à résoudre est celle qui a trait à l'installation hygiénique de l'atelier : l'air est-il suffisamment renouvelé? est-il pur? Ces deux conditions doivent se trouver réunies d'une façon absolue dans tout atelier où l'on permettra le travail des enfants. Si l'air confiné et l'air impur ont une grande influence sur la santé de l'adulte, ils en auront une bien plus grande sur celle de l'enfant, chez lequel les respirations sont beaucoup plus nombreuses par suite d'un plus grand besoin d'oxygène, et chez lequel par conséquent la surface du poumon se trouve plus souvent en contact avec l'air vicié.

» Combien de temps peut-on faire travailler les enfants? Nous pensons que six heures de travail par jour doivent constituer le maximum de temps, et encore faudrait-il diviser ce temps en trois périodes, entre lesquelles on leur laisserait la liberté absolue de leurs mouvements.

» Mais la question qui doit primer toutes les autres c'est celle de l'alimentation. L'aliment est comme le charbon de la machine humaine : il doit toujours être fourni en proportion de la force à produire.

» Tandis que l'adulte qui ne travaille pas n'a besoin que d'une ration d'entretien, l'enfant, dans les mêmes conditions, a besoin non-seulement de la ration d'entretien, mais encore de la ration d'augment, c'est-à-dire constituée par les aliments qui, en se fixant dans les tissus, font que le corps grandit et se développe.

» L'homme qui travaille a besoin, en outre de la ration d'entretien, d'une ration génératrice de la force qu'il doit employer ; car tout mouvement, tout travail produit, a sa source dans les aliments, qui, par leur combustion dans les tissus, produisent ou la chaleur ou le mouvement.

» L'enfant qui travaille a donc besoin de trois rations : rations d'entretien, d'augment et de force. L'enfant qu'on fait travailler, et qui vit dans sa famille d'ouvriers, ne trouve jamais à la table commune une alimentation suffisante. Aussi il faudrait forcer les manufacturiers à nourrir les enfants qu'ils emploient, et à leur donner une alimentation suffisante. On pourrait chez eux exercer une surveillance qu'on ne peut et ne doit pas exercer au foyer domestique.

» *Conclusions.* — Point de travail de force avant l'établissement de la puberté.

» Si on demande un travail aux enfants avant cet âge, ce ne peut être qu'à l'âge de dix ans et dans les conditions suivantes :

» 1° Le travail tendra à développer également toutes les parties du corps, et ne fera pas supporter de pressions verticales à la colonne vertébrale ;

» 2° On veillera à l'installation des locaux dans lesquels les enfants devront séjourner ;

» 3° Ils ne travailleront que six heures par jour et à trois reprises différentes ;

» 4° Les manufacturiers seront obligés de nourrir les enfants qu'ils feront travailler. »

On le voit, il serait nécessaire de poser dans la loi des principes généraux applicables à tous les enfants, sauf à laisser au pouvoir exécutif le droit de régler les détails suivant ces principes. Il est évident qu'on ne peut pas exiger de l'autorité qu'elle suive pas à pas chaque enfant dans son travail : on ne peut demander une surveillance que dans les limites du possible ; mais, dans ces limites, il y a encore un immense bien à faire.

De la combinaison des articles 4 et 5 de la loi du 22 mars 1841 résulte pour l'enfant la possibilité d'obtenir ce concours de l'élévation de l'âme et de l'instruction dont parle M. Arnault dans le passage de sa brochure cité plus haut. En effet, d'après l'article 4, les enfants au-dessous de seize ans ne peuvent être employés les dimanches et jours de fêtes reconnus par la loi : de là, pour eux, la possibilité de recevoir les enseignements et d'apprendre les doctrines de la religion, propres, mieux que tous les raisonnements soi-disant philosophiques, à élever l'âme ; et, d'après l'article 5, l'enfant âgé de moins de douze ans ne pourra être admis dans les ateliers qu'autant que ses parents justifieront qu'il fréquente une école, et, une fois entré dans l'atelier, il devra continuer à suivre une école jusqu'à l'âge de douze ans. Ses aînés de douze ans accomplis devront produire un certificat attestant qu'ils ont reçu l'instruction primaire élémentaire.

Les articles 7 et suivants donnent au pouvoir exécutif la faculté d'étendre les dispositions de cette loi dans les ateliers qui offriraient plus de dangers pour les enfants, et même de défendre l'entrée de certains ateliers aux enfants au-dessous de seize ans. Le Gouvernement devra aussi veiller au maintien des bonnes mœurs dans les ateliers, usines et manufactures.

L'article 10 pose en principe que le Gouvernement établira des inspecteurs pour surveiller les patrons et assurer l'exécution de la loi. Mais malheureusement ces inspecteurs n'ont jamais existé. Il y a cinq ans cependant, on chargea les inspecteurs des mines de ces inspections ; mais cette fonction accessoire a été sacrifiée aux fonctions principales, et les inspections n'ont jamais eu lieu.

Un projet de loi, dû à l'initiative parlementaire, porté à la tribune de l'Assemblée nationale en 1872, propose de former un groupe d'inspecteurs par groupes de départements.

Voilà donc une loi faite dans le but de former de solides défenseurs de la patrie et des citoyens instruits et religieux restée sans application pendant plus de trentedeux ans. C'est là une négligence inouïe, qu'il faut imputer à tous les gouvernements qui se sont succédé depuis 1841, et on n'ose pas dire jusqu'où ont pu aller les conséquences de cette négligence.

Ces lignes étaient écrites lorsqu'a été promulguée la nouvelle loi sur le travail des enfants. Cette loi, à la date du 2 juin 1874, porte ce titre : *Loi sur le travail des enfants et des filles mineures employés dans l'industrie.*

Avant de donner notre appréciation sur cette nouvelle œuvre législative, nous allons en faire un commentaire rapide, tout en la comparant à la loi de 1841.

L'article 1er est ainsi conçu : « Les enfants et les filles mineures ne peuvent être employés à un travail industriel dans les manufactures, fabriques, usines, mines, chantiers et ateliers, que sous les conditions déterminées par la présente loi ».

La première remarque à faire sur cet article c'est que le législateur, faisant une distinction entre les enfants et les filles mineures, se propose de protéger, pendant plus longtemps, contre les dangers des réunions d'ouvriers, les jeunes filles que les jeunes garçons. Il n'est pas nécessaire d'insister pour faire comprendre le but du législateur.

En second lieu, on remarquera que notre loi devra s'appliquer à tous les travaux industriels des enfants qui se produiront dans un atelier quelconque, même lorsque l'atelier sera dirigé par le père de famille. Il n'est pas possible de faire une exception en présence des termes de notre article : du moment qu'il y aura réunion d'ouvriers, la loi pourra y pénétrer. C'est là un grand progrès sur la loi de 1841, car, comme nous l'avons dit, le père de famille est trop souvent porté à exploiter ses enfants. Notre dire a du reste été confirmé par l'enquête faite par la commission chargée de préparer le projet de loi.

M. Ambroise Joubert, qui a eu le premier l'idée de refaire la loi de 1841, repoussant un amendement de M. Ducarre demandant qu'à l'article 1er on ajoutât ces mots : « autres que ceux où leurs parents travaillent », s'exprimait en effet ainsi : « Messieurs, l'enquête faite par votre Commission lui a démontré que la plupart des abus dont les enfants sont les victimes tiennent beaucoup plus à l'insouciance et à la rapacité des parents, qu'aux entraînements de la concurrence industrielle ».

Après avoir connu les résultats de cette enquête, il était impossible d'édicter une exception en faveur du père de famille ; il n'était pas possible de défendre à un patron d'employer un enfant âgé de moins de dix ans, de l'empêcher de le faire travailler douze heures par jour avant l'âge de douze ans, et de permettre au père d'agir autrement, uniquement parce qu'il fait travailler son enfant. C'était inadmissible : on ne pouvait pas inscrire dans la loi une faveur exceptionnelle au profit d'une situation de laquelle pouvaient naître les abus les plus déplorables.

Mais, si l'exception n'existe pas en faveur du père de famille qui fait travailler son fils sous ses yeux, dans un atelier qu'il dirige, elle existe pour le père qui travaille seul dans sa chambre avec son enfant. En effet, il n'y a là ni manufacture, ni fabrique, ni usine, ni atelier, circonstance nécessaire pour l'application de l'article 1er, et le père, dans ce cas, ne peut être considéré comme faisant partie de cette catégorie dont parle le premier paragraphe de l'article 2, lorsqu'il dit que « les enfants ne pourront être employés par des patrons... avant l'âge de douze ans révolus ».

Tandis que, d'après la loi de 1841, les enfants pouvaient être employés dès l'âge de huit ans et pendant huit heures par jour, en général, d'après le paragraphe 1er de notre article 2, ils ne pourront être employés qu'à l'âge de douze ans, pendant douze heures par jour, et encore divisées par un repos : « A partir de douze ans, ils (les enfants) ne pourront être employés plus de douze heures par jour, divisées par un repos (art. 3, § 2) ».

Le paragraphe 2 de l'article 2 et le 1er paragraphe de l'article 3 font exception à cette règle, en permettant d'employer les enfants dès l'âge de dix ans, dans les industries spécialement déterminées par un règlement d'administration publique, rendu sur l'avis conforme de la Commission supérieure instituée par l'article 23 (art. 2, § 2). Le § 1er de l'article 3 s'exprime ainsi : « Les enfants, jusqu'à l'âge de douze ans révolus, ne pourront être assujettis à une durée de travail de plus de six heures par jour, divisées par un repos ».

Une deuxième exception à la règle générale est formulée dans l'article 9. Cet article, en effet, ne permet pas d'employer les enfants âgés de moins de quinze ans pendant plus de six heures par jour, s'ils n'ont pas acquis l'instruction primaire élémentaire.

Les travaux souterrains (art. 7) des mines, minières et carrières sont soumis à la règle générale de l'article 2. Seulement l'exception du paragraphe 2 de cet article ne peut être appliquée ici, car le paragraphe 3 de l'article 7 s'exprime ainsi : « Les conditions spéciales du travail des enfants de *douze à seize ans*, dans les galeries souterraines, sont déterminées par des règlements d'administration publique ». Donc notre règle est absolue, et ne comporte pas d'exception. De plus, notre article 7 fait apparaître une autre catégorie de personnes, pour lui interdire, à bien juste titre, les travaux souterrains : « Les *filles* et *femmes* ne peuvent être admises, dit le § 2, dans ces travaux ». La protection de la loi s'étend ici non-seulement aux filles mineures de vingt-et-un ans, mais encore aux femmes et filles, quelque soit leur âge.

De même que dans la loi de 1841, le travail de nuit est interdit aux enfants ; mais, tandis que cette loi le permettait dès l'âge de treize ans, la nouvelle loi ne le permet que quand les enfants ont seize ans révolus.

La même interdiction s'applique aux filles qui travaillent dans les usines et manufactures, jusqu'à l'âge de vingt-et-un ans (art. 4, § 2).

Un amendement de M. Pernolet ajoutait, à la fin de ce paragraphe 2, ces mots : « autres (usines et manufactures) que celles où travaillent leurs parents ». La même idée qui avait inspiré l'amendement Ducarre inspirait aussi cet amendement : aussi l'Assemblée, après une courte observation de M. Ambroise Joubert, le repoussa-t-elle.

M. Pernolet donnait pour raison à son amendement « que la présence des parents doit être considérée comme une garantie suffisante contre les abus possibles du travail de nuit ». Cette garantie est tout à fait illusoire, car une personne occcupée d'un travail sérieux ne peut exercer une surveillance efficace. L'interdiction est plus sage.

L'article 4, en même temps que la règle générale, édicte l'exception : « Toutefois, dit le paragraphe 4, en cas de chômage résultant d'une interruption accidentelle et de force majeure, l'interdiction ci-dessus pourra être temporairement levée, et pour un délai déterminé par la commission locale ou l'inspecteur ci-dessous institués — art. 16 et 20, — sans que l'on puisse employer au travail de nuit des enfants âgés de moins de douze ans ». Le législateur, on le voit, prend ses précautions pour que l'exception, à un moment donné, ne devienne pas la règle générale.

Les enfants âgés de moins de seize ans et les filles mineures ne peuvent être employés les dimanches et fêtes reconnus par la loi « à aucun travail, dit la loi, serait-ce même pour rangement de l'atelier ». Nous n'avons pas besoin de revenir ici sur ce que nous avons dit au sujet de la nécessité de moraliser l'ouvrier : faisons remarquer simplement que le législateur de 1874 a tellement compris cette nécessité qu'il n'a pas voulu que, même sous prétexte des soins qu'exige un atelier, on absorbât, les dimanches et jours de fête, le moindre temps des enfants. Cet esprit du législateur se montre encore lorsqu'il est obligé d'édicter une exception à l'interdiction qu'il vient de prononcer (art. 6, § 4).

L'article 6 formule une exception aux articles 4 et 5. Il est ainsi conçu :

« Néanmoins, dans les usines à feu continu, les enfants pourront être employés la nuit ou les dimanches et jours fériés aux travaux indispensables.

» Les travaux tolérés et le laps de temps pendant lequel

ils devront être exécutés seront déterminés par des règlements d'administration publique.

» Ces travaux ne seront, dans aucun cas, autorisés que pour des enfants âgés de douze ans au moins.

» On devra, en outre, leur assurer le temps et la liberté nécessaires pour l'accomplissement des devoirs religieux. »

Le législateur de 1874 a voulu, comme le législateur de 1841, assurer aux enfants la possibilité de recevoir l'instruction primaire, et même forcer, pour ainsi dire, les parents à la leur procurer. C'est dans ce but qu'il a édicté les articles 8 et 9, dont le premier est, à peu de chose près, la reproduction de l'article 5 de l'ancienne loi.

Nous avons déjà signalé l'article 9 comme faisant exception, par un de ses côtés, à la règle générale de l'article 2. Citons-le maintenant au point de vue de la règle qu'il contient :

« Art. 9. — Aucun enfant ne pourra, avant l'âge de quinze ans accomplis, être admis à travailler plus de six heures par jour, s'il ne justifie, par la production d'un certificat de l'instituteur ou de l'inspecteur primaire visé par le maire, qu'il a acquis l'instruction primaire élémentaire.

» Ce certificat sera délivré sur papier libre et gratuitement. »

La section V de notre loi est consacrée à la surveillance des enfants et à la police des ateliers.

Le paragraphe 1er de l'article 10, qui est en tête de la section, donne aux patrons le moyen de connaître sous quelles prescriptions de la loi tombe l'enfant qui se présente chez eux. Le paragraphe 2 du même article, en obligeant les patrons à inscrire sur le livret de l'enfant la date de son entrée dans l'atelier et celle de sa sortie, permet aux inspecteurs de vérifier en tout temps si certaines prescriptions de la loi n'ont pas été violées.

Les articles 12 et 13, qui sont compris dans cette section, sont des plus importants, parce qu'ils permettent au Gouvernement d'interdire certains travaux aux enfants.

« Art. 12. — Des règlements d'administration publique détermineront les différents genres de travaux, présentant des causes de danger ou excédant leurs forces, qui seront interdits aux enfants dans les ateliers où ils seront admis.

» Art. 13. — Les enfants ne pourront être employés dans les fabriques et ateliers indiqués au tableau officiel des établissements insalubres ou dangereux, que sous les conditions spéciales déterminées par un règlement d'administration publique.

» Cette interdiction sera généralement appliquée à toutes les opérations où l'ouvrier est exposé à des manipulations ou à des émanations préjudiciables à sa santé. »

De ces articles il résulte, pour le Gouvernement, inspiré par les principes de la physiologie et éclairé par les conseils pratiques du Conseil d'État, le devoir d'écarter loin des enfants les dangers que les différents travaux peuvent faire courir à leur constitution.

L'article 14 indique les soins et les précautions à prendre dans les ateliers et autour des puits, trappes et ouvertures de descente.

L'article 15 est ainsi conçu : « Les patrons ou chefs d'établissements doivent, en outre, veiller au maintien des bonnes mœurs et à l'observation de la décence publique dans leurs ateliers ».

La nouvelle loi, au lieu de se contenter de dire, comme

9

l'article 10 de la loi de 1841, que le Goùvernement établira des inspecteurs pour assurer son exécution, établit un corps d'inspecteurs (section VI), des commissions locales (section VII) et une Commission supérieure près le Ministre du commerce (section VIII).

Les inspecteurs divisionnaires, au nombre de quinze, seront nommés par le Gouvernement, sur la présentation de la Commission supérieure. Cette Commission devra présenter trois membres pour chaque emploi disponible (art. 16). Nul ne pourra se porter candidat s'il n'est ingénieur de l'État, ou titulaire d'un diplôme d'ingénieur civil, ou diplômé de l'École centrale des arts et manufactures et des écoles des mines. Toutefois, pourront se porter candidats ceux qui auront déjà rempli, pendant trois ans au moins, les fonctions d'inspecteur, ou qui justifieront avoir dirigé ou surveillé pendant cinq années des établissements industriels occupant cent ouvriers au moins (art. 17). Ces inspecteurs seront rétribués par l'État : ils n'auront donc pas à se préoccuper de chercher dans d'autres fonctions les ressources nécessaires à la vie, et ils pourront sacrifier tout leur temps et leurs soins au service des inspections. Le législateur de 1874 n'est pas tombé dans la même faute que le Gouvernement impérial.

Chacun de ces fonctionnaires résidera dans une des circonscriptions territoriales déterminées par un règlement d'administration publique, et y surveillera le travail des enfants dans les établissements manufacturiers, ateliers et chantiers. Les contraventions seront constatées par les procès-verbaux des inspecteurs, qui feront foi jusqu'à preuve contraire.

Ces inspecteurs sont subordonnés à la Commission supérieure, en ce sens qu'ils doivent chaque année lui adresser des rapports (art. 19).

Le Conseil général pourra nommer un inspecteur spécial rétribué par le département, qui agira sous la direction de l'inspecteur divisionnaire.

Le Conseil général devra établir une commission dans chaque arrondissement; il pourra en établir en outre là où il le jugera nécessaire. L'institution de cette commission est une des conséquences des idées de décentralisation qu'avait encore à cette époque l'Assemblée nationale, et qui avaient créé les commissions de permanence.

Ces commissions, dont les membres, au nombre de cinq ou de sept, seront nommés par le Préfet, sur une liste de présentation arrêtée par le Conseil général, auront pour mission (art. 20) : 1° de veiller à l'exécution de la loi; 2° de contrôler le service de l'inspection; 3° d'adresser au Préfet du département, sur l'état du service et l'exécution de la loi, des rapports qui seront transmis au Ministre et communiqués à la Commission supérieure; 4° (art. 18, § 5) de donner leur avis aux inspecteurs sur l'état de danger ou d'insalubrité dont ceux-ci auront reconnu l'existence dans un établissement ou atelier.

La Commission supérieure est établie, nous l'avons dit, auprès du Ministre du commerce; elle doit veiller à l'application uniforme et vigilante de la loi, donner son avis sur les règlements à faire et qui pourront être renouvelés chaque fois que la nécessité en sera reconnue, ainsi que sur les questions intéressant les travailleurs protégés; enfin elle doit arrêter les listes de présentation des candidats inspecteurs.

L'Assemblée nationale n'a pas oublié que ce fut par la négligence du Gouvernement que la loi de 1841 ne reçut pas d'exécution : aussi a-t-elle édicté l'article 24, qui est ainsi conçu : « Chaque année, le président de la Commission supérieure adressera au Président de la République un rapport général sur les résultats de l'inspection et sur les faits relatifs à l'exécution de la présente loi.

» Ce rapport devra être, dans le mois de son dépôt, publié au *Journal officiel*.

» Le Gouvernement rendra compte, chaque année, à l'Assemblée nationale, de l'exécution de la loi et de la publication des règlements d'administration publique destinés à la compléter. »

Les articles 25 à 29 sont consacrés aux pénalités que pourront encourir les patrons qui contreviendront aux prescriptions de la loi et aux règlements d'administration publique relatifs à son exécution. Les infractions à la loi seront des contraventions : la matérialité du fait suffira donc pour la condamnation. Toutefois une dérogation à ce principe est posée dans le paragraphe 3 de l'article 25. Le chef d'industrie peut être trompé sur l'âge de l'enfant ou sur l'état de son instruction par la production de faux actes de naissance ou de faux certificats d'école. Il n'y a là aucune participation de la volonté du patron à l'infraction par suite de laquelle l'enfant a été admis dans ses ateliers, puisqu'elle est le résultat de la confiance qu'a dû inspirer l'énonciation des pièces produites. Il a été admis, en ce cas, que le patron pourrait faire la preuve de l'erreur dans laquelle il a été entraîné : s'il justifie cette erreur, la peine ne lui sera pas applicable.

Cette loi est bien supérieure à celle qu'elle a remplacée, non-seulement parce qu'elle élève l'âge auquel les enfants pourront être employés, mais encore parce qu'elle établit un contrôle sérieux sur le travail de nos jeunes ouvriers.

Cependant nous aurions préféré, pour les raisons exposées plus haut, voir la limite d'âge pour le temps complet de travail élevée jusqu'à quatorze ans.

Le Gouvernement reste chargé d'une grande responsabilité, puisque c'est à lui d'édicter toutes les exceptions que peuvent apporter à la loi les règlements d'administration publique. Nous faisons des vœux pour que ces règlements soient inspirés par l'intérêt des enfants et de la société.

Un premier décret, à la date du 27 mars 1875, en se conformant au § 2 de l'article 2 de la loi du 19 mai 1874, énumère les industries dans lesquelles les enfants pourront être employés dès l'âge de dix ans.

Voici la nomenclature de ces industries (art. 1) : 1º dévidage des cocons ; 2º filature de bourre de soie ; 3º filature du coton ; 4º filature de la laine ; 5º filature du lin ; 6º filature de la soie ; 7º impressions à la main sur tissus ; 8º moulinage de la soie ; 9º papeterie (les enfants de dix à douze ans ne pourront être employés au triage des chiffons) ; 10º retordage du coton ; 11º tulles et dentelles (fabrication mécanique des) ; 12º verrerie.

Le Gouvernement, on le voit, ne permet aux enfants de dix à douze ans que les travaux ne nécessitant pas une grande production de force (1).

_____

(1) Un second décret du 22 mai 1875 (paru pendant l'impression de notre thèse) détermine les exceptions à l'interdiction du travail de nuit et des dimanches ou jours fériés prévues par l'article 6 de notre loi.

§ 2.

Restrictions dans l'intérêt de l'hygiène publique.

Nous avons dit, dans notre préface, que l'État pouvait demander à l'individu le sacrifice d'une partie de son droit, dans la mesure exigée par l'intérêt général. Les lois que nous allons étudier dans ce paragraphe ne sont que l'application de ce principe, ce qui justifie les restrictions qu'elles apportent à la liberté du travail, du commerce et de l'industrie. Ces lois sont relatives aux établissements dangereux, insalubres ou incommodes.

Ces établissements sont des établissements industriels qui, étant de nature à compromettre l'état des bâtiments, des récoltes, des fruits de la terre et des animaux domestiques, la santé des hommes ou seulement à les incommoder, ne peuvent être formés qu'en vertu d'une autorisation préalable.

C'est un décret du 15 octobre 1810 qui forme la base de la législation relative à ces établissements.

L'article 1er de ce décret pose, en règle générale, que les manufactures et ateliers qui répandent une odeur insalubre ou incommode ne pourront être formés sans une permission de l'autorité administrative. Mais, comme ces établissements peuvent être insalubres ou incommodes à différents degrés, le législateur, dans ce même article, les divise en trois classes : la première classe comprend ceux qui doivent être éloignés des habitations particulières, parce qu'aucune précaution ne peut leur enlever leur insalubrité ou incommodité : la seconde classe comprend ceux dont l'éloignement des habitations n'est pas rigoureusement nécessaire, mais dont il importe néanmoins de ne permettre la formation qu'après avoir acquis la certitude que les opérations qu'on y pratique sont exécutées de manière à ne pas incommoder les propriétaires du voisinage ni à leur causer des dommages. Dans la troisième classe sont placés les établissements qui peuvent rester sans inconvénient auprès des habitations, mais doivent rester soumis à la surveillance de la police.

Suivant que les manufactures ou ateliers sont placés dans l'une ou l'autre de ces trois classes, ils sont autorisés après un plus ou moins grand nombre de formalités.

Quelles sont les autorités à qui il appartient d'opérer ce classement ? D'après l'article 10 de notre décret et le paragraphe 26 de l'article 5 du décret du 21 août 1872, portant règlement intérieur du Conseil d'Etat, le Gouvernement seul a le droit de les désigner et de les classer définitivement par décrets, dont les projets auront été portés à l'assemble générale du Conseil d'Etat. Toutefois, en vertu d'une ordonnance du 15 janvier 1815, aux préfets appartient le pouvoir de faire des classements provisoires.

Un tableau général de classement, promulgué par un décret du 31 décembre 1866 portant règlement d'administration publique, remplace tous les classements qui avaient été faits avant lui, soit à la suite du décret de 1810, soit par l'ordonnance du 15 janvier 1815, ainsi que toutes les dispositions spéciales à certaines industries. Ce tableau, complété lui-même par un tableau annexé à un décret du 31 janvier 1872, qui augmente dans les trois classes le nombre des ateliers dangereux, insalubres ou incommodes, est le seul tableau qu'on doive consulter pour savoir dans quelle classe se trouve tel ou tel établissement.

La triste expérience qu'on avait faite en 1871 des dangers que peut occasionner le pétrole entre des mains coupables et les nombreux accidents dus à la manipulation imprudente de cette substance ont engagé le Gouvernement à édicter des règles relatives à son emmagasinement, à sa fabrication et à sa vente en gros et en détail ; les mêmes règles s'appliquent aux dérivés. Ces régles sont contenues dans un décret portant règlement d'administration publique du 19 mai 1873.

Le tableau B du décret de décentralisation, ou mieux de déconcentration administrative du 25 mars 1852, augmenté par l'article 2 du décret de décentralisation du 13 avril 1861, confert aux Préfets le droit de statuer seuls, sans l'autorisation du Ministre de l'intérieur, sur les demandes d'autorisation d'ouverture des établissements compris dans la première classe; l'article 2, § 2, du décret de 1810 leur donne le même pouvoir pour les établissements de la seconde classe. Les établissements compris dans la troisième classe peuvent être autorisés par les Sous-Préfets. (Ord. du 14 janvier 1815.)

Quand on veut obtenir l'autorisation de former un établissement compris dans la première classe, il faut adresser au Préfet une demande accompagnée de la désignation du siége de l'atelier et de la nature de son objet, et d'un plan en double expédition. Cette demande est affichée par les soins de l'autorité dans toutes les communes à cinq kilomètres de rayon, pendant un mois. Les Maires de ces communes, après l'expiration de ce délai, dressent procès-verbal de l'accomplissement de ces formalités et des oppositions formées par eux-mêmes au nom de leur commune, ou par toute autre personne. (Déc. de 1810, art. 3.) L'article 2 de l'ordonnance de 1815 exige, en outre, qu'il soit procédé à une enquête *de commodo et incommodo* devant le Maire de la commune où doit s'établir l'industrie. Serait entaché d'excès de pouvoir tout arrêté préfectoral qui interviendrait sans l'accomplissement préalable de ces deux formalités.

Le Conseil d'hygiène de l'arrondissement et le Conseil de préfecture donnent leur avis. Toutefois, l'avis du Conseil de préfecture de facultatif devient nécessaire lorsque des oppositions ont été formées, soit au cours de l'enquête, soit pendant le mois de l'affichage. C'est l'arrêté du Préfet qui accorde ou refuse l'autorisation, qui juge ces oppositions, parce que, étant faites avant la décision, elles sont du ressort de la juridiction gracieuse.

C'est après l'accomplissement de ces formalités qu'intervient l'arrêté préfectoral. Cet arrêté peut : 1° refuser l'autorisation demandée ; 2° l'accorder avec des conditions ; 3° l'accorder purement et simplement.

Dans les deux premiers cas, l'article 7, § 2, du décret de 1810 ouvre au demandeur une voie de recours contre la décision du Préfet. Il peut, dans les trois mois qui suivent la notification de l'arrêté préfectoral, attaquer cet arrêté devant le Conseil d'Etat délibérant au contentieux.

Les tiers peuvent être intéressés au maintien du refus d'autorisation ou des conditions restrictives de cette autorisation. Ils peuvent alors intervenir durant l'instance engagée par le demandeur, soit pour demander le maintien de la décision du Préfet, soit même pour demander le refus absolu d'autorisation : peu importe qu'ils aient ou non produit leurs observations pendant l'enquête. Cette doctrine a été consacrée par deux arrêts du Conseil d'Etat, l'un du 10 mars 1854 et l'autre du 24 juin 1870.

La voie de la tierce-opposition leur est, en outre, ouverte après l'instance pour attaquer l'arrêt rendu.

Dans le troisième cas, c'est-à-dire si le Préfet a autorisé purement et simplement l'ouverture de l'établissement, les tiers ne peuvent saisir directement le Conseil d'Etat qu'en arguant l'arrêté préfectoral d'incompétence ou d'excès de pouvoir. (L. du 24 mai 1872, art. 9.) Remarquons que, dans ce cas, le Conseil d'Etat ne pourrait pas statuer sur le fond de la question. S'ils veulent demander la réformation de l'arrêté, ce qu'ils peuvent faire même au cours de l'exploitation, à moins qu'à cause d'un nombre d'années écoulées il y ait déclaration de déchéance, ils doivent, d'après le paragraphe 3 de l'article 7 du décret de 1810, saisir le Conseil de Préfecture, et, dans les trois mois à partir de la notification de l'arrêté de ce Conseil, ils peuvent l'attaquer devant le Conseil d'Etat, qui alors statuera sur le fond. (C. d'Et., 11 mars 1862, — 5 août 1865.)

Les mêmes règles sont applicables aux établissements de la deuxième classe, qu'il s'agisse de la procédure qui doit précéder l'arrêté à intervenir, ou des voies de recours contre cet arrêté, sauf trois différences : 1° la demande d'autorisation doit être adressée au Sous-Préfet, qui la transmet au Préfet ; 2° le Préfet n'est tenu, dans aucun cas, de prendre l'avis du Conseil de Préfecture ; 3° il n'y a pas lieu à apposition d'affiches.

Pour l'ouverture des établissements de la troisième classe, c'est-à-dire des établissements incommodes, la demande d'autorisation doit être adressée au Sous-Préfet, qui statue sans autre formalité que l'avis des Maires et de la police locale. C'est au Conseil de préfecture qu'il appartient de statuer sur les recours formés soit par des tiers, soit par le demandeur. (D. de 1810, art. 8.)

On comprend que le Préfet puisse, en vertu de son pouvoir de police, ordonner la fermeture des établissements non autorisés. Mais son pouvoir reste-t-il désarmé lorsqu'il se trouve en présence d'établissements autorisés ? De même que le Maire, malgré l'autorisation donnée, même sous des conditions déterminées, peut prendre certaines mesures dans l'intérêt de la salubrité publique, pourvu que ces mesures ne fassent pas perdre au fabricant le bénéfice de l'autorisation, de même l'intérêt public exige que l'administration puisse ordonner la fermeture même des établissements autorisés. Lorsque le chef d'atelier aura introduit dans son établissement des modifications nuisibles à la sûreté, à la salubrité ou à la commodité publiques, ou n'aura pas observé les conditions de l'autorisation, ou n'aura pas suivi les prescriptions règlementaires dont l'inobservation peut entraîner le retrait de l'acte d'autorisation, l'administration, représentée par le Préfet, pourra retirer l'autorisation donnée, parce que c'est par une mesure de police qu'elle a été accordée, et une mesure de police n'engage jamais l'avenir.

C'est en vertu de ce même principe que l'administration pourra ordonner la suppression d'établissements autorisés, pour inconvenients imprévus. Mais ici les formalités auxquelles est soumis l'acte de suppression offrent aux intéressés des garanties spéciales. Ce n'est plus par un simple arrêté préfectoral que l'autorisation est retirée : c'est par un décret du Chef du pouvoir exécutif, dont le projet aura été porté devant l'assemblée générale du Conseil d'Etat. C'est ce qui résulte de l'article 12 du décret du 15 octobre 1810, de l'article 5, § 26, et de l'article 15, § 1, du décret règlementaire du 21 août 1872.

Pour terminer cette matière, il nous reste à déterminer le rôle des tribunaux judiciaires.

1° Les décrets de classement ayant un caractère règlementaire, l'exploitation non autorisée d'un établissement classé constitue une contravention punie par l'article 471, § 15, du Code pénal.

2° Aux termes de l'article 11 du décret du 15 octobre 1810, il est dit que les dispositions de ce décret n'auront pas d'effet rétroactif; d'où la question, qui s'est présentée pendant longtemps, de savoir quelle est l'autorité qui doit être chargée de vérifier si un établissement remonte avant 1810. Les présomptions seraient pour que ce fût l'autorité judiciaire, car il s'agit simplement d'une circonstance à reconnaître, d'un fait dont il faut rechercher la date, toutes choses essentiellement de la compétence des tribunaux judiciaires. Il n'en serait pas de même s'il s'agissait d'interpréter un texte administratif. La Cour de cassation l'a jugé ainsi jusqu'en 1837; mais, à partir de cette époque, elle a toujours décidé que c'était là une question qui doit être résolue par le tribunal administratif. (*Cons. d'Ét.*, 30 avril 1841.)

3° Si les tiers, par le voisinage d'un de ces établissements, subissent « soit un préjudice direct et matériel, soit un simple préjudice moral, consistant dans la dépréciation de la propriété et l'atteinte aux relations de bon voisinage », ils peuvent, en vertu des articles 1382 et 1383 du Code civil, réclamer à l'entrepreneur, devant les tribunaux judiciaires, des dommages-intérêts.

Cette doctrine a toujours été admise par la Cour de cassation ; mais le Conseil d'État ne s'est rangé du même avis

qu'en abandonnant, dans un arrêt sur conflit du 9 juin
1859, la distinction faite par lui entre le dommage matériel
et le dommage moral, relativement à la juridiction, dans
les arrêts des 27 décembre 1826 et 15 décembre 1854.

Ajoutons qu'il n'y aurait pas davantage lieu de distin-
guer entre le dommage passé et le dommage futur, et que
le juge serait autorisé, par exemple, à fixer une alloca-
tion annuelle pour tout le temps pendant lequel l'état de
choses demeurerait le même.

Mais les tribunaux judiciaires doivent-ils se borner à
accorder des dommages-intérêts? Peuvent-ils, en d'autres
termes, ordonner des mesures pour qu'à l'avenir le dommage ne se renouvelle pas?

Il est évident que l'autorité judiciaire ne pourrait pas
ordonner la suppression d'un établissement. Elle ne pourrait pas non plus ordonner des mesures modifiant celles
que l'acte d'autorisation a prescrites dans un intérêt général, parce qu'alors elle violerait le principe de la sépara-
tion des pouvoirs.

Mais de ce que les établissements dangereux, insalubres
ou incommodes, alors même qu'ils sont autorisés, n'en
sont pas moins responsables des dommages qu'ils causent
aux propriétés voisines, il s'ensuit que les tribunaux ordinaires sont compétents, non-seulement pour fixer les in-
demnités dues aux tiers lésés, mais aussi pour prescrire
les mesures propres à faire cesser le préjudice, pourvu que
ces mesures ne soient pas en opposition avec celles prescrites par l'autorité administrative. (*C. de cass.*, 26 mars
1873 : Sénac c. Société du Gaz de Toulouse.)

CHAPITRE IV.

Restrictions dans l'intérêt de l'honneur du travail national
et du travail national lui-même.

§ 1ᵉʳ.

Restrictions dans l'intérêt de l'honneur du travail national.

Les restrictions apportées à la liberté du travail dans l'intérêt de son honneur se rattachent toutes à l'article 413 du Code pénal, qui indirectement donne au Gouvernement le pouvoir de règlementer les produits des manufactures françaises. Il est ainsi conçu : « Toute violation des règlements d'administration publique relatifs aux produits des manufactures françaises qui s'exportent à l'étranger, et qui ont pour objet de garantir la bonne qualité, les dimensions et la nature de la fabrication, sera punie d'une amende de deux cents francs au moins, de trois mille francs au plus, et de la confiscation des marchandises. Les deux peines pourront être prononcées cumulativement ou séparément, suivant les circonstances. »

On serait tenté de croire, en lisant cet article, que le législateur de 1810 s'est inspiré, pour le rédiger, des idées de Colbert. En effet, ce grand ministre s'exprimait ainsi dans le préambule de l'édit du 13 août 1669 : « Nous désirons remédier, autant qu'il nous est possible, aux abus qui se commettent depuis plusieurs années aux longueurs, largeurs, force et bonté des draps, serges et autres étoffes de laine et fil, et rendre uniformes toutes celles de mesme sorte, nom et qualité, en quelque lieu qu'elles puissent être fabriquées, tant pour en augmenter le débit dedans et dehors nostre royaume, que pour empescher que le public ne soit trompé ».

Colbert voulait, par les règlements sur les tissus, augmenter le débit de nos produits manufacturés à l'étranger. Le législateur de notre siècle n'a pas voulu autre chose, et il n'a pas trouvé d'autres moyens que de permettre au Gouvernement de faire des règlements copiés même sur ceux de Colbert, et d'appliquer aux délinquants les mêmes peines que lui, l'amende et la confiscation.

On ne sait vraiment pas quel est le mauvais génie qui a inspiré notre législateur à une époque où on n'avait pas encore perdu le souvenir de tous les inconvénients de cette règlementation.

Hâtons-nous de dire que cet article est une lettre morte, et qu'il n'est jamais appliqué. Malgré cela, nos fabriques peuvent lutter contre les fabriques étrangères, et leurs produits soutiennent hautement l'honneur du travail français bien mieux que ne pourrait le faire le Gouvernement qui voudrait se charger de ce soin. La raison en est bien simple : le Gouvernement ne peut prendre des mesures que relativement aux produits existants, ne pouvant prévoir ceux que l'expérience pourra créer postérieurement à ses décrets. De là un temps d'arrêt forcé dans les perfectionnements. Tout au contraire, l'industrie, débarrassée de toute espèce d'entraves, peut se plier soit à tous les caprices de la mode, soit à toutes les nécessités du progrès.

En édictant cet article, le législateur français, nous ne

craignons pas de le dire, a été absurde : heureusement que, dans l'application de la loi, le bon sens a triomphé, et qu'on l'a laissé de côté, comme nous l'avons déjà dit.

§ 2.

Restrictions dans l'intérêt du travail national.

Ces restrictions sont relatives aux barrières que la douane peut élever devant les produits étrangers importés en France. Les droits de douane se justifient à titre d'impôts : d'une nature analogue aux contributions indirectes, avantageux comme suivant les variations de la richesse publique, remplis d'inconvénients comme gêne à la circulation des produits, il est logique de leur demander une part des ressources nécessaires au trésor ; mais, dans cette sphère, ils seront modérés.

Considérés comme moyen d'influence sur le prix des marchandises qui en sont frappées, les droits de douane sont contraires au principe de la liberté du travail, du commerce et de l'industrie, et violent le droit de propriété.

Sous ce second aspect peuvent se produire deux systèmes de règlementation du régime douanier : le système *prohibitif* et le système *protecteur*.

Le système prohibitif interdit l'entrée du pays aux produits d'origine étrangère : on les frappe de droits dont l'élévation est telle qu'elle équivaut à une sorte de prohibition.

Le système protecteur admet que, lorsque le produit français ne peut être établi qu'à un prix supérieur au produit étranger, on doit frapper celui-ci à son entrée en France d'un droit qui élèvera son prix au niveau du prix du produit français. Par exemple, si le produit français se vend 12 fr., et le produit étranger 8, celui-ci devra être frappé d'un droit de 4 fr.

Le premier système, surtout, est né d'une notion très-fausse de la monnaie, considérée à tort comme faisant la principale ou même l'unique richesse d'un pays. Partant de cette idée, les partisans du système de la balance commerciale prétendaient qu'il fallait tout mettre en œuvre pour que les exportations dépassassent de beaucoup les importations, croyant attirer par là l'or et l'argent dans notre pays pour l'y conserver. Pour obtenir ce résultat, les gouvernements avaient établi des droits prohibitifs et des droits protecteurs à la frontière.

La prohibition et la protection ont régné sans conteste sur le monde pendant de longs siècles. C'est ainsi qu'Henri IV, qui, plus que ses prédécesseurs, se préoccupa du système des douanes, prohibait, par son édit de 1599, l'entrée des étoffes étrangères, principalement celle des étoffes de soie. En 1600, il rapporta son édit; mais, dès 1601 et 1602, il le renouvela en ce qui concernait les draps d'or et d'argent. Colbert fut le grand organisateur du système protecteur; il doubla, et au-delà, le tarif existant.

Le système prohibitif, substitué par la Convention et le premier Empire au régime de douanes organisé par l'Assemblée constituante de 1789 dans l'esprit de la liberté commerciale, ne peut se justifier que comme arme de guerre.

L'encouragement à donner à une industrie naissante peut seul justifier le système protecteur; car, si dès le début un industriel est découragé par la concurrence facile d'une industrie similaire déjà ancienne dans un

10

pays étranger, il aura bien vite abandonné son entreprise.
Mais, lorsque l'industrie est bien établie, la libre concurrence doit reprendre son cours.

Cependant certains esprits, poussant encore plus loin
le système protecteur, pensent que ce système ne doit
pas être appliqué seulement aux produits manufacturiers,
mais aussi aux matières premières entrant sur le sol
français. Cette doctrine doit aussi être rejetée, car son
application arrêterait les objets mêmes sur lesquels on
peut travailler, et frapperait par le fait la production et
l'exportation.

Les partisans du système protecteur se sont souvent
cachés sous le masque du patriotisme pour soutenir qu'il
fallait rendre le pays indépendant de l'étranger, et protéger le travail national contre l'invasion des produits
étrangers. Voici ce que répond M. Ducrocq : « Nous
affirmons, dit-il, que le patriotisme en France n'a pas
plus à gagner à priver notre pays des fers anglais, que
le patriotisme de l'Angleterre à proscrire les vins de
France. En abusant de cette cause sacrée, on constitue un
monopole injuste au profit de quelques-uns ; l'on éternise
des priviléges sous la dénomination trompeuse de travail
national, au double détriment des industries non privi-
légiées et de la masse du public ; enfin l'on fait passer
pour un tribut ce qui n'est en réalité qu'un service à
charge de retour. »

Le système protecteur ne doit pas être appliqué, parce
qu'il est contraire au principe de la liberté du travail et
de l'industrie, car ce principe ne peut être complet sans
le droit pour chacun d'échanger librement les produits
de son travail et d'en régler le prix. Avec ce système
également, le droit de propriété reçoit une · véritable

atteinte, car chacun doit avoir le droit d'acheter les choses dont il a besoin aux prix réels, et non à un prix fixé, pour ainsi dire, par le législateur.

Cependant ces deux motifs ne peuvent pas convaincre les partisans du système protecteur. Ils insistent, en disant que, si l'industrie française n'est pas protégée, une guerre venant à être déclarée, il pourra se faire que la France n'ait pas tous les produits nécessaires à la vie d'une nation. Nous leur répondrons, en faisant remarquer, avec M. Rozy, que c'est mettre l'exception à la place de la règle : la guerre est l'état de maladie d'une nation ; la paix, au contraire, est l'état de santé. Pour quelques mois de privations, il ne faut pas créer des années de gêne et de malaise.

Le régime du libre-échange est, sans contredit, celui qui s'harmonise avec les vrais principes d'une saine économie politique. Il complète la liberté du travail, du commerce et de l'industrie, qui a produit de si beaux résultats, et c'est le régime que nous devons souhaiter pour notre France, où l'industrie est, pour ainsi dire, arrivée à son apogée.

Malheureusement la liberté des échanges n'a pas marché de pair avec la liberté du travail, et il faut arriver à 1860 pour trouver un changement notable dans notre législation douanière. Nous ne sommes pas encore arrivés au libre-échange ; mais nous vivons sous le régime des traités de commerce, qui, quoique ne devant pas être confondu avec le premier, est un acheminement vers lui.

Le traité du 23 janvier 1860, conclu par le gouvernement impérial entre la France et l'Angleterre, a donné au monde le signal d'une révolution économique en cette matière. Quoique le libre-échange ne soit pas devenu le régime de notre législation douanière, comme nous venons de le dire, il a pénétré d'une manière notable dans la loi, par l'abolition complète des prohibitions, qui étaient encore au nombre de quarante-quatre, par la suppression de plusieurs droits protecteurs et la modération des autres pour les provenances de tous les pays avec lesquels la France avait contracté sur ces bases des traités de commerce.

Ce nouveau régime a du reste produit l'argument le plus fort contre le système protecteur et le système prohibitif. Dans les séances du 10 au 19 janvier 1872, l'Assemblée nationale avait longuement discuté la question de savoir si, pour faire face aux lourdes charges de notre budget, on devait établir des droits de douane sur les matières premières. Cette discussion donna lieu à un discours de M. de Guiraud. C'est de ce discours que nous extrayons le passage suivant, qui, chiffres en main, démontre la supériorité du régime de la liberté :

« En 1859, sous le régime des droits d'entrée sur les matières brutes, l'ensemble du commerce général de la France était de 5 milliards 412 millions ; en 1860, après l'abolition de ces droits, il était de 8 milliards 114 millions ; différence en faveur de la liberté : 2 milliards 702 millions. Le commerce maritime de la France était, en 1858, de 12,784,368 tonnes ; en 1868, il s'élevait à 16,002,973 tonnes ; différence en faveur de la liberté : 3,218,605 tonnes. Voyez maintenant les forces mises en vigueur par l'industrie : pendant les six ans qui ont précédé l'abolition des droits, la moyenne des chevaux-vapeur a été de 133,679 ; dans les six ans qui ont suivi cette abolition, cette moyenne a été de 231,971 ; différence : 98,292. On va maintenant juger du développement de l'aisance de l'ouvrier par les dépôts aux caisses d'épargne : pendant la première période, 972,581 déposants ont versé aux caisses d'épargne 126,101,407 francs; pendant la seconde, 1,516,308 déposants ont versé 177,496,516 francs ; différence en plus : 543,727 livrets et 51,395,109 francs, etc. »

Le gouvernement était alors dans les mains des protectionnistes, et ils saisissaient l'occasion de combattre la liberté commerciale au nom du rétablissement de nos finances. Les anciennes douanes devaient être rétablies, disaient-ils, puisqu'il n'y avait pas moyen de faire autrement, et par conséquent les traités de commerce, arrivés à échéance, devaient être dénoncés et rejetés, ou modifiés dans le sens du système protecteur.

Le traité anglais fut dénoncé en effet, et dut cesser d'être en vigueur pour le 28 mars 1873. Il en fut bientôt de même du traité belge. L'Assemblée nationale n'avait pris ces mesures qu'à son corps défendant, mais la question d'Etat l'emporta. Ni l'Angleterre, ni la Belgique, ne firent de grandes difficultés, parce qu'elles sentaient bien qu'elles tireraient avantage des nouveaux traités à intervenir. Deux traités intervinrent entre la France, la Belgique et l'Angleterre. Mais ces traités n'étaient pas encore approuvés par l'Assemblée nationale, lorsque la journée du 24 mai renversa le gouvernement et, du même coup, heureusement pour notre pays, les tentatives protectionnistes.

L'Assemblée, le 24 juillet 1873, décida de revenir aux anciens traités, et supprima la loi des droits sur les matières premières et la loi sur les surtaxes de pavillon, qu'elle avait votées sous le gouvernement de M. Thiers.

Cinq jours après, elle vota la ratification des nouveaux traités, conclus à la hâte, et portant renouvellement des anciens jusqu'à la fin du 1ᵉʳ trimestre de 1877. Les avantages obtenus durant les négociations précédentes par l'Angleterre et par la Belgique ont été maintenus à l'une et à l'autre. Quant à l'Allemagne, il n'y a plus de traité de commerce avec elle. Il lui a suffi de s'assurer sans limites, par un article du traité de Francfort (article qu'on a préféré à la prorogation, jusqu'en 1877, du traité qui avait été conclu, sous l'Empire, avec le Zolleverein), le traitement de la nation la plus favorisée. Quant aux traités passés avec l'Autriche et l'Italie, ils subsistent encore. Espérons qu'à leur renouvellement tous ces traités feront une plus large part à la liberté des échanges.

CHAPITRE V.

Brevets d'invention. (Loi du 5 juillet 1844.)

Le brevet d'invention a été introduit dans notre législation par la loi du 31 décembre 1790-7 janvier 1791, et règlementé par le décret des 4-25 mai 1791. Aujourd'hui la loi du 5 juillet 1844, que nous nous proposons d'étudier dans ce chapitre, est la loi fondamentale sur la matière.

L'article 1er de notre loi est ainsi conçu : « Toute nouvelle découverte ou invention, dans tous les genres d'industrie, confère à son auteur, sous les conditions et pour le temps ci-après déterminés, le droit exclusif d'exploiter à son profit ladite découverte ou invention. Ce droit est constaté par des titres délivrés par le Gouvernement, sous le nom de brevets d'invention. »

Le brevet d'invention est donc un titre délivré par le Gouvernement, pour constater le droit de l'inventeur de jouir exclusivement des produits de son invention pendant un temps déterminé.

On peut obtenir ce titre pour toute nouvelle découverte ou invention, et il faut ajouter, avec l'article 27, que l'on soit Français ou étranger.

Quiconque veut prendre un brevet d'invention doit déposer à la préfecture du département où il est domicilié ou du département où il élira domicile une demande adressée au Ministre de l'agriculture, du commerce et des travaux publics, avec 1° la description des procédés qui constituent la découverte ; 2° les dessins ou échantillons nécessaires pour l'intelligence de la description ; 3° un bordereau des pièces déposées (art. 5). Il doit aussi produire un récepissé constatant le versement d'une somme de 100 francs à valoir sur le montant de la taxe du brevet (art. 7, § 1). Cette taxe est de 500 francs pour un brevet de cinq ans ; 1,000 francs pour un brevet de dix ans ; 1,500 francs pour un brevet de quinze ans : elle est payable par annuité de 100 francs, sous peine de déchéance (art. 4).

Comme il était urgent de fixer d'une manière précise la date de chaque dépôt, pour éviter les débats sur la priorité des demandes, le § 2 de l'article 7 exige qu'un procès-verbal soit dressé par le Secrétaire général de la préfecture, constatant chaque dépôt, en énonçant le jour et l'heure de la remise des pièces.

Le brevet est délivré par le Ministre, sans examen préalable (art. 11). Aussi le Gouvernement ne garantit rien, ni la réalité, ni la nouveauté, ni le mérite de l'invention ; ce qui explique l'obligation imposée au breveté d'ajouter à toute mention de son brevet ces mots : *Sans garantie du Gouvernement* (art. 33), qui se traduisent ordinairement dans la pratique par les lettres s. G. D. G.

Ces mots : *Sans examen préalable,* de l'article 11, ne doivent pas être pris à la lettre : l'article 3, déterminant deux espèces d'invention, les compositions pharmaceutiques ou remèdes de toute espèce, et les plans ou combi-

naisons de crédit ou de finances, qui ne sont pas susceptibles d'être brevetés, semble, en effet, les contredire.
Remarquons, pour le moment, que l'article 3 parle d'exceptions, et que par conséquent il doit être interprété d'une
manière restrictive. C'est ainsi que le Conseil d'Etat, dans
un arrêt du 14 avril 1864, a décidé, en fait, que l'article 3
ne pouvait pas s'appliquer lorsqu'il s'agit d'un aliment
nouveau donné comme remède. Il ne s'applique pas non
plus si le produit constitue à la fois un remède et un
objet utile aux arts, pourvu que l'inventeur ait le soin de
le présenter comme utile à l'industrie, et non comme composition pharmaceutique.

En dehors des deux exceptions dont nous venons de
parler, le Ministre ne pourrait pas, sans commettre un
excès de pouvoir, refuser de délivrer un brevet. S'il le
refusait, le demandeur pourrait se pourvoir au contentieux
devant le Conseil d'État. (L. du 24 mai 1872, art. 9.)

Nous avons dit que l'article 3 semblait contredire ces
mots de l'article 11 : *Sans examen préalable*. Comment,
en effet, le Ministre saura-t-il si l'invention ou découverte
qu'on lui présente est une préparation pharmaceutique ou
une combinaison de crédit, puisqu'il doit délivrer les
brevets sans examen de la demande ? Dira-t-on que le
Ministre doit se fier au titre donné à la découverte par
son auteur ? Ce serait favoriser la fraude ; car quel serait
l'individu assez maladroit pour donner à sa nouvelle découverte un titre qui la ferait tomber sous l'application
de l'article 3, et qui impliquerait par lui-même le rejet de
sa demande ? Il faut donc nécessairement reconnaître au
Ministre un certain droit d'examen, qui s'arrêtera lorsqu'il aura découvert le caractère de l'invention qu'on lui
présente, ou bien dire que l'article 3 ne peut pas recevoir

d'application à cause des termes de l'article 11. Il est vrai qu'on pourrait dire que le paragraphe 5 de l'article 30 déclarant nul et de nul effet le brevet dont le titre sous lequel il a été demandé indique frauduleusement un objet autre que le véritable objet de l'invention, c'est aux tribunaux, et non au Ministre, qu'il appartient d'examiner la nature de l'invention. Cette objection ne peut pas tenir devant ces mots de l'article 3 : « Ne sont pas susceptibles d'être brevetés, etc. », qui indiquent clairement que le Ministre peut refuser le brevet, et doit savoir par conséquent ce qui fait l'objet de la demande.

Le brevet est nul si la découverte ou invention n'était pas nouvelle (art 30). N'est pas réputée nouvelle toute découverte, invention ou application qui, en France ou à l'étranger, et antérieurement à la date du dépôt de la demande, aura reçu une publicité suffisante pour pouvoir être exécutée (art. 31).

Les brevets sont encore nuls s'ils portent sur des principes, méthodes, systèmes, découvertes et conceptions théoriques dont on n'a pas indiqué les applications industrielles (art. 30, § 3). La raison en est que le brevet d'invention n'est pas seulement un titre propre à constater un droit de propriété, mais qu'il est aussi une espèce de prime d'encouragement donnée aux inventeurs pour leurs découvertes susceptibles de rendre service à la société.

D'après l'article 2, l'invention de nouveaux produits industriels, l'invention de nouveaux moyens, ou l'application nouvelle de moyens connus pour l'obtention d'un résultat ou d'un produit industriel, sont seuls considérés comme inventions ou découvertes nouvelles. De cet article il faut conclure que tout résultat négatif ne peut faire l'objet d'un brevet d'invention ; c'est-à-dire que, pour obtenir un brevet, il ne suffirait pas d'indiquer, par exemple, les vices de fabrication de tel ou tel produit, les défauts de telle ou telle machine : faudrait-il encore donner les moyens de détruire ces vices et de corriger ces défauts.

Toute personne peut prendre un brevet pour changement, addition ou perfectionnement à une découverte déjà brevetée, en remplissant les conditions et formalités nécessaires pour l'obtention des brevets primitifs. Le brevet qui lui est délivré porte le nom générique de brevet d'invention, et non pas celui de brevet de perfectionnement.

Ces sortes de brevets ne sont valables qu'après une année à compter de la date du brevet primitif, à moins que l'impétrant ne soit le breveté lui-même ou l'un de ses ayants-droit. Au lieu d'un nouveau brevet, le breveté primitif ou ses ayants-droit peuvent se contenter de demander un certificat d'addition, soumis seulement à une taxe de 20 francs, et dont les effets prennent fin avec le brevet principal (art. 16, 17 et 18).

L'article 29 est ainsi conçu : « L'auteur d'une invention ou découverte déjà brevetée à l'étranger pourra obtenir un brevet en France. Mais la durée de ce brevet ne pourra excéder celle des brevets antérieurement pris à l'étranger. »

Il faut donc, pour l'application de cet article : 1° que la découverte soit brevetée à l'étranger ; 2° que le brevet ne soit pas périmé à l'étranger ; 3° que le brevet en France soit pris par l'inventeur. Cet article a été édicté pour réprimer les abus qui naissaient, sous l'empire de la loi des 14-25 mai 1791, de la possibilité d'obtenir des brevets d'importation, pour importation en France de découvertes faites à l'étranger.

La sanction de l'accomplissement des formalités et conditions nécessaires pour l'existence du privilége attaché au brevet se trouve dans l'action en nullité du brevet, pour l'accomplissemênt des formalités qui doivent exister au moment même de la délivrance du brevet (art. 30), et dans l'action en déchéance pour celles qui doivent être accomplies postérieurement (art. 32 de notre loi, modifié par la loi du 31 mai 1856).

Ces actions doivent être portées devant le tribunal civil du défendeur (art. 34, § 2), sauf le cas prévu par l'article 46, qui donne au tribunal correctionnel, saisi d'une action pour délit de contrefaçon, le pouvoir de statuer sur les exceptions qui seraient tirées par le prévenu soit de la nullité ou de la déchéance du brevet, soit des questions relatives à la propriété dudit brevet.

L'article 35 de notre loi déroge à l'article 59 du Code de procédure civile, en enlevant au demandeur le choix qui lui est laissé par le paragraphe 2 de ce dernier article, dans le cas où il y a plusieurs défendeurs : il devra, dans ce cas, porter son action devant le tribunal du domicile du titulaire du brevet.

Ces actions peuvent être intentées par toute personne intéressée ; l'affaire est instruite et jugée dans la forme prescrite, pour les matières sommaires, par les articles 405 et suivants du Code de procédure civile (art. 36). Cette précaution est prise pour empêcher le contrefacteur de faire sa fortune pendant les longueurs du procès, et de nuire par là au titulaire du brevet, qui n'a pas d'autres moyens pour se défendre. De plus, l'affaire est de celles qui doivent être communiquées au ministère public.

L'article 37 est ainsi conçu : « Dans toute instance tendant à faire prononcer la nullité ou la déchéance d'un brevet, le ministère public pourra se rendre partie intervenante, et prendre des réquisitions pour faire prononcer la nullité ou la déchéance absolue du brevet. Il pourra même se pourvoir directement par action principale, pour faire prononcer la nullité dans les cas prévus aux numéros 2°, 4° et 5° de l'article 30. »

Les droits que le brevet assure aux inventeurs sont garantis par les peines de la contrefaçon définie par l'article 40 : « Toute atteinte portée aux droits du breveté, soit par la fabrication de produits, soit par l'emploi de moyens faisant l'objet de son brevet ». Ces peines sont une amende de 100 à 2,000 francs, et, dans le cas de récidive, d'un emprisonnement d'un mois à six mois. L'article 463 du Code pénal sera toujours applicable (art. 44).

Le paragraphe 2 de l'article 44 nous dit ce que l'on doit entendre par récidive en cette matière : « Il y a récidive lorsqu'il a été rendu contre le prévenu, dans les cinq années antérieures, une première condamnation pour un des délits prévus par la présente loi ». La loi ici nous paraît bien indulgente : à notre avis, il aurait mieux valu dire qu'il y aurait récidive toutes les fois qu'un second délit aurait été commis pendant la durée du brevet d'invention.

Le paragraphe 3 applique aussi l'emprisonnement d'un mois à six mois au contrefacteur qui a été ouvrier ou employé dans les ateliers ou dans l'établissement du breveté, et à celui qui, s'étant associé avec un ouvrier ou employé du breveté, a eu connaissance, par ce dernier, des procédés décrits au brevet. Dans ce dernier cas, ajoute le paragraphe 4, l'employé ou l'ouvrier pourra être poursuivi comme complice.

Ces peines sont prononcées par la tribunal de police correctionnelle, saisi par l'action civile de la partie lésée, et par le ministère public, sur la plainte seulement de la partie (art. 45). Il n'y a pas ici, en effet, un principe d'ordre public altéré, qui exige les poursuites directes du ministère public.

Disons, en terminant l'étude de notre loi, que la propriété d'un brevet peut être cédée en totalité ou en partie, soit à titre onéreux, soit à titre gratuit. Cette cession, pour être valable, doit être faite par acte notarié. Elle doit, en outre, pour être opposable aux tiers, avoir été préalablement enregistrée au secrétariat de la préfecture du département dans lequel l'acte aura été passé (art. 20). Il était bon de signaler ces deux formalités, puisqu'elles sortent toutes les deux du droit commun.

D'après la loi que nous venons de commenter, quand un individu affirme qu'il a fait une invention, il a droit à un brevet : dès qu'il a obtenu ce brevet, il a droit d'empêcher les autres de fabriquer son nouveau produit ou de construire sa nouvelle machine ; libre de toute concurrence, il peut vendre son produit au prix qu'il veut, et vendre sa machine à qui bon lui semble, ou s'en servir seul. C'est là une grande restriction à la liberté du travail, du commerce et de l'industrie ; car, au moyen des brevets, on soustrait, pendant un certain temps, à l'ouvrier, au commerçant, à l'industriel, un produit ou un moyen de production qui rationnellement, au moment où ils existent, devraient tomber dans la domaine commercial.

En effet, le brevet d'invention ne constate pas un droit

juridique, un droit de propriété. Pour qu'il en fût ainsi, il faudrait que l'inventeur pût dire : « C'est moi, et c'est moi seul, qui ait fait cette découverte, trouvé ce nouveau mode de fabrication ». Or il n'en est pas ainsi : la plupart des inventions ne sont que le résultat du travail soit de la génération présente, soit des générations passées. Si Papin, par exemple, ou tout autre, n'avait pas constaté la force de la vapeur, si les ouvriers n'avaient pas su donner au fer ou à la fonte toutes les formes désirables, il est évident que les machines à vapeur, qui rendent aujourd'hui de si grands services, n'existeraient pas.

Sans doute, un nouveau résultat peut avoir été obtenu par de longues études, et, à ce titre, le travail de l'inventeur doit être récompensé ; mais la récompense ne doit pas priver la société tout entière des avantages résultant de la libre fabrication et circulation d'un produit auquel elle a collaboré dans certaines proportions.

De plus, le Ministre chargé de délivrer les brevets ne garantit rien, ni qualité, ni nouveauté ; de sorte que tout individu, à ses risques et périls il est vrai, peut obtenir un brevet pour la soi-disant découverte ou invention d'un produit ou d'une machine qui existaient déjà De là un grand nombre de procès, car ceux qui sont poursuivis pour contrefaçons ne manquent jamais de faire tous leurs efforts pour faire appliquer au brevet les articles 30, 1°, et 31 de la loi du 5 juillet 1844.

C'est ainsi, pour ne citer qu'un exemple des nombreux procès occasionnés par les brevets d'invention, que M. Saxe, inventeur des saxo-trombas et saxo-phones, a dû faire rendre quarante arrêts de Cours d'appel et vingt arrêts de Cour de cassation pour protéger son droit. Il est vrai que ses brevets, pris en 1845 et 1846, ont duré

vingt ans, parce qu'ils avaient été prolongés par la loi
du 1ᵉʳ août 1860, et par application de l'article 5 de la
loi de 1844. Dans la seule ville de Paris, quatre ou cinq
avocats ne plaident que les questions de brevet d'invention.

Donc le brevet d'invention est contraire aux principes
de l'économie politique, car il enlève la libre concurrence
des choses qui devraient subir sa loi; il ne constitue pas
un droit juridique, et il entraîne une foule de procès qu'une
bonne loi devrait prévenir.

A un autre point de vue, tel qu'il est organisé, le
brevet d'invention n'est pas accessible à tout le monde,
puisqu'il exige une mise de fonds, et constitue, par le
fait, une injustice. Tel exploitera exclusivement son invention ou sa découverte qui pourra donner une première
somme de 100 fr. au Gouvernement ; tel autre ne le
pourra pas. L'injustice est d'autant plus grande que c'est
celui qui possède déjà qui peut seul profiter de ce bénéfice. Avant 1789, on était plus logique, en favorisant,
même par des sommes d'argent, les inventeurs.

Le monopole constitué par le brevet d'invention n'est
donc pas une récompense générale, et par conséquent
manque en partie le but que le législateur s'est proposé,
à savoir l'encouragement efficace à donner aux inventeurs.

Pour tous ces motifs, le brevet d'invention est destiné à
disparaître de notre législation. Cependant, comme il est
très-utile pour la prospérité d'un pays que les découvertes
et perfectionnements soient encouragés, nous pensons,
avec M. Rozy, qu'on pourrait former des associations d'industriels qui constitueraient un fonds destiné à récompenser
les inventions sérieuses. Ces sociétés auraient le loisir et

les connaissances nécessaires pour examiner les œuvres qu'on leur présenterait, et les récompenses pourraient être données sous la seule condition d'avoir fait une invention ou découverte véritable et utile. Par là surtout serait évitée la plus grande partie de ces procès qui souvent ruinent celui qui devrait trouver sa fortune dans son invention.

CHAPITRE VI.

Restrictions dans l'intérêt de l'ordre public matériel.

La première de ces restrictions se rattache à la législation relative aux cafés et cabarets. D'après l'article 1er du décret du 29 décembre 1851 — 10 janvier 1852, les cafés, cabarets et débits de boissons ne peuvent être ouverts sans la permission de l'autorité administrative.

Cette restriction à la liberté du travail et de l'industrie ne saurait être justifiée théoriquement, car, un débitant étant commerçant, il semblerait qu'il doit être traité comme les autres commerçants. Mais, si cette restriction ne peut être justifiée lorsqu'on la rattache à la liberté du travail, la nécessité sociale, c'est-à-dire la nécessité de maintenir l'ordre public, la justifie amplement.

Dans ces établissements, où chaque consommateur est plus ou moins échauffé par les vapeurs de l'alcool, des excès peuvent être facilement commis, et dégénérer en trouble pour la tranquillité publique. Il est donc très-opportun et très-sage que l'Administration puisse déterminer le nombre de ces établissements suivant le chiffre de la population, ses mœurs et son caractère, et ne donner l'autorisation de les ouvrir qu'à des gens dont la moralité lui est connue.

L'autorisation est donnée *in rem et in personnam :* le

changement de place de l'établissement et le changement de propriétaire ne peuvent donc s'effectuer sans une nouvelle autorisation.

D'après l'article 2 du décret précité, le Préfet peut ordonner la fermeture de ces établissements, non-seulement après une condamnation du propriétaire pour contravention aux lois et règlements qui les concernent, mais encore par mesure de sûreté publique. En accordant l'autorisation, l'autorité use de son droit de police; elle en use de même en la retirant, parce que, ce droit, elle l'a toujours.

La nécessité de l'autorisation n'est pas la seule restriction à la liberté de l'industrie des cafés, cabarets et débits de boissons à consommer sur place : ces établissements, une fois ouverts, sont encore soumis à la surveillance de l'autorité municipale, en vertu de l'article 3, § 3, du titre XI de la loi des 16-24 août 1790.

De ce pouvoir de surveillance découle, pour le Maire, la possibilité de faire des règlements en cette matière. Nous allons parcourir quelques-unes des espèces qui peuvent être réglées, et l'ont été effectivement par les arrêtés des Maires.

Le Maire a le droit de fixer l'heure de fermeture de ces établissements, et c'est ce qui a eu lieu dans toutes les villes ou bourgs de France; mais il dépasserait son pouvoir s'il ne fixait pas la même heure pour tous les débits de la localité : il tomberait dans le plus fâcheux arbitraire en favorisant les uns au préjudice des autres. C'est ce qu'a décidé la Cour de cassation par un arrêt du 22 août 1866.

On s'est demandé, et cette question s'est souvent présentée, on s'est demandé, disons-nous, si les habitants des

maisons où sont les cafés, cabarets et débits de boissons,
et les voyageurs, lorsque ces maisons sont des hôtels ou
des auberges, avaient le droit de rester au café après
l'heure de fermeture, les portes en étant fermées ? La
Cour de cassation tient avec juste raison pour l'affirmative,
parce qu'avec ces éléments l'ordre public ne court pas de
grands dangers. Mais c'est à tort, selon nous, que la Cour
de cassation a, dans un arrêt du 10 février 1875, et con-
trairement à la jurisprudence admise par elle, fait une
distinction entre les voyageurs prenant gîte et ceux qui ne
font que passer ; car souvent un besoin impérieux les
oblige à chercher dans les auberges un repos momentané
et la nourriture dont ils ont besoin pour eux et pour
leur monture. Toutefois, en restant dans le café, ces
individus doivent respecter la tranquillité publique, et ne
faire aucun bruit de nature à la troubler ; car alors l'autorité municipale aurait incontestablement le droit de
prendre les mesures nécessaires pour remédier au désordre,
et pourrait même y pénétrer en vertu de son droit de surveillance sur les lieux publics.

Dans certaines localités, les arrêtés des Maires imposent
l'obligation de tenir les cabarets fermés pendant les offices
religieux des dimanches et jours de fêtes reconnues par
la loi. Il est impossible de mettre en doute la validité de ces
arrêtés : toutes les raisons apportées pour soutenir une
opinion contraire viennent se briser contre la loi du 18 novembre 1874, que nous avons déjà citée, et dont l'article 3
est ainsi conçu : « Dans les villes où la population est au-
dessous de cinq mille âmes, ainsi que dans les bourgs et
villages, il est défendu aux cabaretiers, marchands de
vin, débitants de boissons, traiteurs, limonadiers, maîtres de paume et de billard, de tenir leurs maisons ou-

vertes et d'y donner à boire et à manger lesdits jours (dimanches et jours de fêtes légales) pendant le temps de l'office ».

Il est certain qu'un réglement municipal a le droit d'empêcher les enfants trop jeunes d'entrer dans ces établissements. Les Maires ne sauraient être trop loués lorsqu'ils prennent ces mesures; c'est rendre un grand service aux enfants que de les empêcher de fréquenter ces établissements, où ils reçoivent de mauvais exemples et prennent des habitudes pernicieuses.

La seconde restriction apportée à la liberté du travail, du commerce et de l'industrie dans l'intérêt de l'ordre public matériel se trouve dans la législation relative aux foires et aux marchés.

Les foires et les marchés ne peuvent être ouverts sans une autorisation préalable. Cette nécessité de l'autorisation, contraire à la liberté du travail, trouve sa justification dans la nécessité de maintenir l'ordre public, et d'empêcher que ces grandes réunions ne se nuisent les unes aux autres.

Les foires et les marchés donnent lieu à de grands rassemblements, où la surveillance de la police est nécessaire : s'il était loisible à chacun d'ouvrir des foires et des marchés, leur nombre pourrait croître d'une façon exagérée, et leur coïncidence dans des lieux rapprochés rendrait cette surveillance impossible. Dans l'intérêt même bien entendu des consommateurs, il est sage qu'une autorité puisse déterminer les jours et les lieux où peuvent se tenir ces foires et marchés, parce que leur fréquence et leur rapprochement nuiraient infailliblement à leur approvisionnement.

En vertu d'un décret, dit de décentralisation, de 1852,

tableau B, n° 1, le droit d'autoriser les marchés, sauf les marchés aux bestiaux, appartenait aux Préfets. Un décret du 13 août 1864 avait supprimé cette restriction, et, depuis ce décret, les Préfets, sans l'autorisation ministérielle, pouvaient autoriser les foires et marchés de toute nature.

Aujourd'hui c'est le Conseil général, dans chaque département, qui est investi de ce droit. Il le tient de l'article 46, n° 24, de la loi du 10 août 1871 sur les Conseils généraux : « Article 46. Le Conseil général statue » définitivement sur les objets ci-après désignés : 1°, 2°, » 3°, etc.; 24° : délibérations des Conseils municipaux » ayant pour but l'établissement, la suppression ou les » changements des foires et des marchés, etc. »

Ce droit ne pouvait être mieux placé qu'entre les mains des Conseils généraux. Mieux que les Préfets ils connaissent les besoins et les ressources des départements ; mieux que les Conseils municipaux ils peuvent sauvegarder les intérêts de toutes les communes.

La surveillance des foires et des marchés, de même que la surveillance des cafés et cabarets, appartient à l'autorité municipale, en vertu de l'article 3, § 3, du titre XI de la loi des 12-24 août 1790, déjà citée.

Aux termes du § 4 du même article, le Maire est chargé « de l'inspection sur la fidélité du débit des denrées qui se vendent au poids, à l'aune et à la mesure, et sur la salubrité des comestibles exposés en vente publique ».

Ce droit de surveillance et d'inspection donne aux Maires le droit de faire des réglements. Ces magistrats municipaux ont usé largement de ce droit, et souvent ils en ont abusé au détriment du public, en donnant au paragraphe que nous venons de transcrire une interprétation vraiment étrange. Cela tient sans doute à la manie française de faire des réglements à propos de tout, et à l'idée que le public se fait de l'administration, qu'il croit chargée de veiller sur tous ses actes, comme une mère veille sur les pas de son enfant. Il suffira, pour nous en convaincre, de parcourir quelques espèces dont la pratique a donné de trop fréquents exemples.

Dans certaines communes, les maires ont empêché les marchands forains de vendre leurs marchandises en dehors du champ de foire (arrêté du maire de Sens du 3 juin 1859, — C. de Cass. 21 avril 1860), et ils ont même forcé les marchands habitant la localité où se tient la foire ou le marché à transporter leurs marchandises sur la place publique. Ont-ils fondé leurs arrêtés sur leur droit de surveillance? Non sans doute, puisque cette surveillance ne peut se faire que dans les lieux publics, et que la vente faite en dehors de ces lieux ne peut donner lieu à aucun inconvénient relatif à la tranquillité publique, et que, par conséquent, on n'est pas fondé en droit à l'empêcher. De plus, le droit d'inspection ne peut justifier ces réglements, car autre chose est inspecter et autre chose contraindre de vendre dans un endroit déterminé. Aussi la Cour de cassation a jugé que les condamnations à suite de contravention à ces réglements ne devaient pas tenir.

On est allé encore plus loin : des réglements de police municipale ont interdit aussi aux marchands forains la vente des denrées à domicile, bien qu'une convention antérieure fût intervenue entre ces marchands et l'habitant. Les magistrats municipaux n'ont pas remarqué que la loi ne dit pas qu'ils ont un droit d'inspection sur la salubrité des comestibles en général, mais seulement sur ceux « exposés en vente publique ». Un arrêt de la

Cour de cassation du 28 novembre 1856 a déclaré, avec raison , ces réglements illégaux.

Un pareil pouvoir laissé aux maires irait jusqu'à leur permettre de réglementer la nourriture de leurs administrés. En effet, il existe une foule de localités privées de denrées indispensables à la vie, telles par exemple que la viande de boucherie : leurs habitants n'alimentent leur table que par des achats faits aux marchands des localités voisines. Ces marchands, ces bouchers, ne portent que la viande demandée et à l'heure convenue. Si le Maire, par un arrêté, fixe l'heure et l'endroit où seront vendues les denrées, il est évident que les habitants ne pourront pas prendre leurs repas quand ils voudront. Nous nous demandons s'il serait possible de pousser plus loin la réglementation.

Une foule de réglements municipaux interdisent aux revendeurs d'aller sur les routes acheter aux paysans leurs denrées. La Cour de cassation, dans un arrêt du 21 août 1859, a admis la validité de ces réglements, et les a même aggravés en décidant que, lorsqu'un réglement, outre la défense, faite aux revendeurs, d'aller au devant des vendeurs qui apportent des comestibles dans la ville , contient l'injonction à ceux-ci de les porter sur la place du marché , et ne permet aux revendeurs d'acheter les marchandises exposées sur ce marché qu'à certaines heures déterminées, on doit considérer comme contravention à ces dispositions le fait d'un revendeur d'avoir, même sans quitter la porte de sa boutique, arrêté des vendeurs au passage , pour leur acheter des comestibles qui n'avaient pas encore été apportés au marché (C. de Cass., 20 novembre 1863) : nous regrettons ces arrêts.

Le Maire, dit-on, a le droit de faire ces réglements,

parce que les revendeurs, en allant au-devant du paysan, feront nécessairement élever les prix au préjudice des habitants des villes. Nous admettons cette conséquence; mais est-ce là une raison suffisante pour entraver la liberté des échanges? A notre sens, c'est favoriser la paresse au détriment de l'activité; c'est empêcher certains individus de faire des gains parfaitement licites.

De plus, le droit d'inspection et de surveillance accordé aux Maires par la loi ne peut évidemment pas aller jusqu'à forcer le producteur à porter ses denrées en ville, et c'est ce qui a lieu, indirectement il est vrai, lorsqu'on empêche les acheteurs d'aller au-devant de lui. Dans cette voie, on pourrait aller jusqu'à défendre au cultivateur, au jardinier, de vendre ses produits dans sa propre maison.

Nous pourrions encore multiplier les exemples; mais ceux-là suffisent pour démontrer jusqu'où ont pu aller les abus de la réglementation, et pour démontrer combien il serait utile que cet article de la loi de 1790 fût révisé, pour empêcher toutes les fantaisies de MM les Maires de se manifester au détriment d'une juste et sage liberté.

POSITIONS.

—

Droit romain.

I. — Si un même fait renferme les éléments de plusieurs délits privés, toute partie lésée a le droit d'exercer une action pénale particulière à raison de chacun de ces délits.

II. — Le consentement suffit pour le mariage romain, sans aucune tradition.

Histoire du droit français.

III. — Il n'est pas vrai de dire que sous la première et la seconde race chacun fût libre de choisir la loi qu'il voulait suivre.

IV. — Le monument de notre ancien droit français connu sous le nom d'*Etablissements de saint Louis* n'est pas l'œuvre de ce prince.

Droit civil.

V. — Tous les actes réguliers du tuteur sont aussi valables que s'ils eussent été faits par le mineur lui-même en état de majorité.

VI. — Les biens donnés par un ascendant sont soumis à la réserve légale qu'un ascendant plus proche a le droit d'exercer dans la succession du donataire.

VII. — L'article 1408, sur le retrait d'indivision, s'applique même lorsque la part de la femme provient d'une adjudication ou d'une donation faite à la communauté en vertu des termes de l'article 1405.

VIII. — La femme dont l'immeuble dotal a été vendu sur saisie immobilière est-elle recevable, même après l'adjudication, à revendiquer cet immeuble contre l'adjudicataire ?... Oui.

Procédure.

IX. — Le jugement de validité de saisie-arrêt notifié au tiers saisi attribue-t-il un droit de préférence à celui qui l'a obtenu sur ceux qui font des saisies-arrêts postérieures à la notification dont nous venons de parler ?... Oui.

X. — Les causes intéressant les mineurs émancipés sont toujours dispensées du préliminaire de conciliation.

Droit criminel.

XI. — L'action civile résultant d'un crime, d'un délit ou d'une contravention se prescrit par le même laps de temps que l'action publique, alors même qu'elle est exercée séparément de cette action et devant les tribunaux civils.

XII. — Le complice de l'enlèvement d'une mineure peut être l'objet d'une poursuite criminelle, quoique le ravisseur soit à l'abri de cette poursuite par suite de son mariage avec la jeune fille enlevée.

Droit administratif.

XIII. — Le règlement de police qui ne permettrait de laisser entrer dans une gare de chemin de fer que les voitures de tel voiturier est illégal.

XIV. — L'arrêté municipal qui défend de vendre des grains dans des sacs ne mesurant pas un hectolitre ou des fractions d'hectolitre est illégal.

Vu par le Président de la thèse :

H. ROZY.

Vu par le doyen :

DUFOUR.

Vu et permis d'imprimer :

Le Recteur,

GUIRAUDET.

« Les visas exigés par les réglements sont une garantie des » principes et des opinions relatifs à la religion, à l'ordre » public et aux bonnes mœurs (*Statuts du 9 avril 1825*, art. 4), » mais non pas des opinions purement juridiques, dont la » responsabilité est laissée au candidat. Le candidat répondra, » en outre, aux questions qui lui seront faites sur les autres » matières de l'enseignement. »

Cette thèse a été soutenue en séance publique, dans une des salles de la Faculté de droit de Toulouse, le   1875.

TABLE DES MATIÈRES.

DROIT FRANÇAIS.

LIMOGES. — IMP. DE CHAPOULAUD FRÈRES
Rue Montant-Manigne, 7